浙江绿色管理理论和经验研究系列丛书
Green Management

研究阐释党的十九届四中全会精神国家社科基金重大
项目（项目编号：20ZDA087）资助

浙江绿色管理案例和经验
政府监管篇

（第一辑）

赵　婧◎编著

经济管理出版社
ECONOMY & MANAGEMENT PUBLISHING HOUSE

图书在版编目(CIP)数据

浙江绿色管理案例和经验.政府监管篇(第一辑)/赵婧编著.—北京:经济管理出版社,
2021.4
ISBN 978-7-5096-7958-6

Ⅰ.①浙… Ⅱ.①赵… Ⅲ.①社会主义建设—案例—浙江 ②区域环境—环境保护—政府
管制—案例—浙江 Ⅳ.① D619.55 ② X321.255

中国版本图书馆 CIP 数据核字(2021)第 081705 号

组稿编辑:张　艳

责任编辑:张莉琼

责任印制:任爱清

责任校对:王淑卿

出版发行:经济管理出版社
　　　　　(北京市海淀区北蜂窝 8 号中雅大厦 A 座 11 层　　100038)
网　　　址:www.E-mp.com.cn
电　　　话:(010)51915602
印　　　刷:北京晨旭印刷厂
经　　　销:新华书店
开　　　本:720mm×1000mm/16
印　　　张:14
字　　　数:230 千字
版　　　次:2021 年 6 月第 1 版　2021 年 6 月第 1 次印刷
书　　　号:ISBN 978-7-5096-7958-6
定　　　价:78.00 元

总　序

《浙江绿色管理理论和经验研究系列》丛书是改革开放40多年来（特别是近20年以来）浙江绿色管理各领域的理论探索和经验案例的系统总结。

随着现代文明的发展，能源危机和环境污染成为当代社会面临的重要问题，开拓一条节能减排、低碳环保的绿色转型之路成为社会发展的必然战略选择。绿色管理（Green Management）正是在这样的形势下受到越来越多的关注，不仅成为一种重要的社会发展趋势，也成为未来经济新的增长点。绿色管理是指将资源节约和环境保护理念融入人类管理活动的具体环节，以期在人类管理活动的各层次、各领域、各方面、各过程实现绿色、节约、环保和可持续。需要指出的是，绿色管理是一种全新的管理思想和理论体系，是对现有管理思想和体系的彻底变革。且随着理论和实践的深入，绿色管理也从狭义的企业内部延伸到企业外部（如政府机构、非政府组织、社会公众等领域）。绿色管理既是国家层面绿色发展战略规划的应有之举，也是社会层面全员应有的自觉自为。党的十九大报告明确指出，我们要建设的现代化是人与自然和谐共生的现代化，而绿色管理就是探索人与自然和谐共生之路的有益实践，是实现社会可持续发展的坚实助力。因此，深入探索绿色管理经验成为中国可持续发展的迫切需要。

改革开放40多年来，浙江锐意进取，大胆实践，形成了有浙江特色的发展道路，创造了令人瞩目的"浙江模式"，形成了卓有成效的"浙江经验"，书写了生动宝贵的"浙江精神"。浙江是习近平总书记"绿水青山就是金山银山"发展理念的发源地，也是绿色发展的先行地。2003年，时任浙江省委书记的习近平同志在浙江启动生态省建设，打造"绿色浙江"。2005年，习近平同志在浙江安吉首次提出"绿水青山就是金山银山"的科学论断和发展理念。从此，浙江绿色发展从初阶、浅层、零散阶段（1978~2003年）进入了高阶、深层、系统阶段（2003年至今），提前迈进了新时代。根据《中国经济绿色发展报告 2018》，浙江的绿色发展指数名列全国第一。另据国家统计局 2017 年发布的"2016 年生态文明建设年度评价结果公报"，浙江在省份排名中位列第二。浙江是唯一在两份排名中都稳居前二的省份。改革开放 40 多年来（特别是近 20 年以来）的浙江发展实现了高质量经济发展和高标准绿色发展的高层次统一，成为中国省域层面一道亮丽的风景。

改革开放 40 多年来，浙江发展的一个基本经验就是坚持绿色发展、坚持保护环境和节约资源，坚持推进生态文明建设。浙江是中国陆地面积最小的省份之一（仅 10 万平方公里），人多地少、资源短缺，面临严峻的资源环境约束，践行绿色管理既是经济社会发展的内在要求，也是缓解经济发展与资源环境矛盾的必然选择。在浙江发展过程中，绿色管理贯穿生产方式与生活方式全过程，贯穿政府管理、企业管理和社会管理各层面，发挥了极其重要的作用，积累了极其宝贵的经验，初步形成了浙江特色的政府、企业、社会多元协同共治的绿色管理体系。在这一理论和现实背景下，探索并总结浙江绿色管理的理论、案例和经验极有必要，《浙江绿色管理理论和经验研究系列》丛书应运而生。

《浙江绿色管理理论和经验研究系列》丛书是我们多年来对浙江绿色管理实践持续关注和深入研究的结晶，主题涵盖了改革开放 40 多年（特别是近 20 年以来）浙江绿色管理的多个方面。丛书第一辑共 6 本，其中，《浙江绿色管理案例和经验——企业绿色管理篇（第一辑）》（王建明编著）主要依据企业绿色管理的生命周期分类介绍浙江企业绿色战略、绿色创新、绿色生产、绿色市场、循环经济等实践案例和经验启示；《浙江绿色管理案例和经验——城市绿色管理篇（第一辑）》（王建明编著）主要依据市县绿色管理的思路分类介绍浙江县域绿色规划、绿色发展、绿色治理、绿色改造、绿色督察等实践案例和经验启示；《浙江绿色管理案例和经验——美丽乡村管理篇（第一辑）》（高友江编著）主要根据浙江乡村地貌特征分类介绍浙江乡村山地丘陵且沿溪环河地带、山地丘陵且沿江环湖地带、山地丘陵地带等地的实践案例和经验启示；《浙江绿色管理案例和经验——垃圾治理篇（第一辑）》（高键编著）主要根据浙江垃圾分类管理的内容分别介绍城市垃圾分类管理，农村垃圾分类管理，垃圾减量、清运和回收管理，垃圾处置等实践案例和经验启示；《浙江绿色管理案例和经验——水污染治理篇（第一辑）》（冯娟编著）主要根据浙江水污染治理的领域分类介绍浙江治污水、排水、五水共治、河湖长制等实践案例和经验启示；《浙江绿色管理案例和经验——政府监管篇（第一辑）》（赵婧编著）主要根据浙江政府监管的主题分类介绍浙江环境监管体制改革、环境监管考核评价体系改革、环境执法实践、产业监管实践等实践案例和经验启示。

　　本丛书通过浙江绿色管理案例的生动呈现，以不同的主题、不同的维度和不同的切入点全面深入地展现浙江绿色管理的理论进展和实践成果，并进一步凝练出浙江绿色管理的系统理论，旨在打造一个全面丰富的绿色管理"浙江样版"。期望本系列丛书的出版能够丰富中国特色的绿色管理理论体系，为探索绿色管理经验的社会各界人士提供现实理论和实践参考，以全面深入地推进中国和世界的绿色高质量发展。

浙江财经大学工商管理学院院长　王建明
2020 年 2 月 20 日

PREFACE
前　言

　　党的十八大报告提出了"建设美丽中国，实现中华民族永续发展"的生态文明建设目标，并提出要"全面落实经济建设、政治建设、文化建设、社会建设、生态文明建设五位一体的总体布局"，将生态文明上升到与经济、政治、社会建设同样的地位，这是前所未有的高度。随着生态文明建设的不断推进，中国自上而下加强环境保护的政治意愿不断强化。加强环境监管体制机制建设、提高环境监管有效性、改进监管方式、创新监管手段等是生态文明制度建设的重要任务之一。目前，中国经济正在由高速增长阶段转向高质量发展阶段，处于转变发展方式、优化经济结构、转换增长动力的攻关期，如何实现环境与经济的和谐发展也是中国各地方政府环境监管面临的时代考验。

　　浙江是习近平总书记提出"绿水青山就是金山银山"重要发展理念的发源地；也是在浙江，习近平总书记第一次系统提出"八八战略"，打造"绿色浙江"。因此，浙江率先走向了由高速度经济发展到高质量绿色发展的转型之路。实施"八八战略"以来，浙江让世人见证了"浙江模式"的绿色奇迹，也铸就了改革开放40多年来绿色发展的"美丽浙江"。在2003年底的浙江省经济工作会议上，时任浙江省委书记的习近平就告诫浙江："天育物有时，地生财有限，而人之欲无限，浙江必须凤凰涅槃，浴火重生。"从"绿色浙江"到"生态浙江"，再到"美丽浙江"，浙江深入践行"绿水青山就是金山银山"的发展理念，秉持"干在实处、走在前列、永立潮头"的浙江精神，实现了从"用绿水青山换金山银山"到"绿水青山就是金山银山"的华美蜕变。

　　本书是一本关于浙江政府环境监管的案例选编，精选了52个新时代下浙江探索环境保护、绿色治理的案例及其成功经验，尝试向读者呈现新时代下浙江环境监管实践的现实样本。全书共分为五篇，第一篇：环境监管体制机制改革；第二篇：环境监管模式改革；第三篇：环境监管之环境法治实践；

第四篇：环境监管之产业监管实践；结论篇：浙江政府环境监管的经验和启示。前四篇各涉及一个监管主题，以不同的视角呈现环境监管的"浙江模式"，从这些典型的案例中可以概览浙江结合自身发展特点，开展环境监管的探索实践。本书在每篇案例经验分析的基础上，概括总结出新时代浙江环境监管的八大经验：经验一，转换环境监管理念，引领环境监管实践；经验二，加强监管制度建设，发挥监管制度效能；经验三，调整环境监管格局，联结社会行动体系；经验四，创新环境监管模式，提升环境监管效果；经验五，严格环境监管执法，健全环境执法机制；经验六，丰富产业监管手段，布局产业转型升级；经验七，坚持体制机制改革，赋能监管高效运转；经验八，借力现代科技力量，优化环境监管流程。并进一步提出新时代浙江环境监管的八大启示：启示一，铁腕执法严打生态环境破坏；启示二，柔情司法保障生态环境修复；启示三，产业生态化引领经济绿色转型；启示四，绿色金融加速经济绿色发展；启示五，绿色消费构筑绿色行为体系；启示六，绿色创新支撑绿色文化体系；启示七，美丽城村提升居民绿色获得感；启示八，长效机制固化绿色治理成果。

这些经验和启示是由扎根于新时代浙江环境监管鲜活的地方实践总结而成的，具有坚实的现实基础。这些案例中有浙江省级层面的战略部署，但更多的是来自基层政府的埋头苦干、敢为人先的生动实践，他们都是将绿水青山逐步转化成金山银山的践行者，也都是"浙江模式""美丽浙江"的缔造者。2013年初，习近平总书记在与原中共杭州市委书记黄坤明谈话时就曾指出："希望你们更加扎实地推进生态文明建设，努力使杭州成为美丽中国建设的样本。"细致梳理并总结浙江政府的环境监管实践及其经验启示，对进一步打造美丽中国的浙江样本，对更加扎实地推进生态文明建设，具有深刻的现实意义。

尽管笔者已经做出了最大的努力，但由于水平有限，加之编写时间仓促，书中难免存在不当或者错漏之处，敬请各位专家、学者、老师和同学批评指正（邮箱：zhaojing@zufe.edu.cn）。

赵　婧

2020 年 5 月 4 日于杭州

DIRECTORY

目 录

第一篇

环境监管体制机制改革

一、打造"零跑"服务 推行"送证上门"

 案例梗概

1. 浙江省温州市鹿城区发布"营商环境提升年"行动方案。
2. 区环保局建立环保服务专员制度，16名业务骨干担纲上线。
3. 通过建立服务企业微信群、分发专员服务联系卡等方式，进入企业面对面宣传。
4. 提供"线上＋线下"的咨询指导服务，执法与服务相结合，预防环境违法行为发生。

关键词：服务专员制度；"线上＋线下"的咨询指导服务；"即办制"；"最多跑一次"

 案例全文

"第一没想到这么快，第二也没想到环保服务会直接上门，很贴心。"温州市东泰建材有限公司企业负责人邵先生为政府新举措点赞道。2018年，浙江省温州市鹿城区发布"营商环境提升年"行动方案，区环保局①随即建立环保服务专员制度，16名业务骨干担纲上线。

曾经繁杂的环评手续让不少企业大呼头痛，现在，鹿城区经由"最多跑一

---

① 由于国务院机构改革，部分部委及下级单位名称出现变动，为方便表述和区分，2018年3月之前的案例中依然表述为原来的单位名称。

次"改革，完成环评手续已由原先的 30 个工作日降为 10 个（7 个工作日为公示期），且推行了中介代办。环保服务专员的设立，让环评审批更简化快捷。上述方案发布第二日，就有两家企业收到了环保专员的送件服务，大呼惊喜与意外。

"环保服务做到这样，企业也会越来越重视环保。"温州市东泰建材有限公司是鹿城区规模以上企业，2017 年年产值达 1.2 亿元，为扩大生产，企业迁扩建 6000 吨玻璃建设项目，通过浙江政务服务网向环保部门提出申请。鹿城区环保局在收到这家企业的网上申报后马上予以受理并公示，公示期为 7 个工作日。到期后环保服务专员将环评批文亲自上门送达，并将后续应办事项一次性告知。

企业负责人邵先生连呼惊喜，"今天环保专员还一起看了企业设备，进行现场勘查核实，询问概况，指导解决我们遇到的现实问题，并对我们提出了切实可行的环境污染防治建议。环保服务做到这样，以后企业也会越来越重视环保，鹿城环境也会更好。"

无独有偶，鹿城区拟上市重点培育企业温州牙科医院也收到了关于迁建项目竣工验收环保函，由环保服务专员送达。"来温州好几年了，这几年营商环境氛围的变化真的很大，审批送证上门更是在别的地方少见。"温州牙科医院院长傅其宏表示，由于不熟悉审批，前期他们给五马原环保所打了一个咨询电话，之后环保人员就数次上门手把手指导填表，申报审批流程非常顺利，给企业带来了很好的体验感。

"政府服务理念的创新之变，对于政府机构来说是体制的改革，对于企业来说也能更放心地去做大做强，形成了两者的良性循环。"傅其宏感慨道。

提供"线上＋线下"咨询指导服务

破障碍、去烦琐、筑坦途，方能为市场主体添动力，这也是鹿城环保持续奔跑所向。据悉，鹿城推行环保服务专员制度，将通过建立服务企业微信群、分发专员服务联系卡等方式，进入企业面对面宣传、邀请入群，为企业项目环评审批、环保技术和治污设施升级改造等，提供"线上＋线下"的咨询指导服务，并将执法与服务相结合，预防环境违法行为发生。"16 名专员包含了 8 个基层站所所长以及助企相关科室干部。过程中我们还将延伸'最多跑一次'服务，比如排污许可证已可以'送证上门'，年审换证时，我们会提前一个月以短信方式提醒排污许可证即将到期企业，并告知所需材料，受理后通过既定流程，5 个工作日内企业可'等证上门'。"环保局相关负责人介绍道。2018 年，区环保局以"营商环境提升年"为契机，致力将"咨询、办理、取证"三趟变为"只需一趟"，并将"计时制"改"即办制"（如补证等），为企业做好服务。截至 2018 年 4 月，鹿城区环保 17 项审批中，5 项已实现"零跑"，12 项实现"最多跑一次"。

资料来源：施晴雯、孙聪聪：《鹿城环保服务专员上线打造"零跑"服务推行"送证上门"》，《中国环境报》2018 年 4 月 2 日，第 5 版。

 经验借鉴

浙江温州鹿城政府服务理念的创新之变：环保服务专员上线，打造"零跑"服务，推行"送证上门"。简单来说，可以得出以下经验：①建立服务专员制度，让环评审批更简化快捷，并针对企业的情况提出切实可行的环境污染防治建议，上门手把手指导填表；②提供"线上＋线下"咨询指导服务，通过建立服务企业微信群、分发专员服务联系卡等方式进入企业面对面宣传、邀请入群，为企业项目环评审批、环保技术和治污设施升级改造等提供咨询指导服务，并将执法与服务相结合，预防环境违法行为发生；③将"计时制"改"即办制"，鹿城区环保局以"营商环境提升年"为契机，致力将"咨询、办理、取证"三趟变为"只需一趟"，鹿城区环保 17 项审批中，5 项已实现"零跑"，12 项实现"最多跑一次"。

二、网上备案　容缺受理　快递送达

 案例梗概

1. 绍兴市环保局加快改革步伐，切实提高行政审批服务质量与实效。

2. 在绍兴市行政服务中心环保窗口，登记表备案流程最多花 10 分钟。

3. 将 28 项权力事项列入"最多跑一次"清单，推行容缺受理。

4. 通过"政府买单"的形式引入特快专递送达服务。

5.启动"区域环评＋环境标准"改革。

关键词：政府；"最多跑一次"；"零上门"；"区域环评＋环境标准"；执法监管新模式

 案例全文

梳理权力事项、开展网上备案、推行容缺受理……为贯彻落实浙江省关于加快推进"最多跑一次"改革实施方案，努力推进环保"最多跑一次"行政审批改革真正落实到位，绍兴市环保局加快改革步伐，切实提高行政审批服务质量与实效。

登记表备案 10 分钟办结

在绍兴市环保局的门户网站上，有一个"建设项目环境影响登记表备案系统"模块，对于服装加工、汽车维修、手制食品加工等基本污染项目，足不出户就可以在这里完成备案手续。

在绍兴市行政服务中心环保窗口，市环保局建设处处长胡晓东演示了项目备案操作的全过程，注册、系统登录、填报提交、打印签字，整个流程下来最多花 10 分钟。胡晓东介绍，自 2017 年 1 月 1 日起，所有编制环境影响登记表的建设项目实行网上备案，由建设单位业主根据项目类型自行在互联网上进行操作，实现登记表备案"零上门"，办结时间由原来最快 11 个工作日压缩为现在的 10 分钟。

据统计，截至 2017 年 8 月绍兴市已有 506 个项目实行网上备案。同时，在环保局的门户网站上，公开相关法律、法规、规章及规范性文件中关于建设项目环境影响登记表备案相关的管理要求，为建设单位办理备案手续提供便利。

审批事项材料快递送达

除了备案外，绍兴市环保局还将28项权力事项列入"最多跑一次"清单。

同时，推行容缺受理。在申报材料主件齐全及建设单位承诺及时提供剩余材料的前提下，试行预先审查，符合审查条件可立即受理，建设单位领取许可决定时补齐相应所缺材料。

通过流程再造、一窗受理、并联审批、集成服务，实现从多次跑到"一窗跑"。如投资项目审批流程分为立项、用地、规划、施工、验收5个环节，涉及发改委、经信局、国土局、环保局等多个部门（窗口），现由牵头部门"一窗"受理，各审批部门开展并联审批，并形成协同审批和互动配合机制，办结后再由受理窗口统一交办，提升了办事效率。

为减少跑动次数，绍兴市还通过"政府买单"的形式引入特快专递送达服务，不断扩大"最多跑一次"和"零上门"事项办理范围，目前绍兴环保局"最多跑一次"审批事项已全面实现快递送达服务，节约了办事时间，减轻了企业负担。

绍兴市环保部门相关负责人表示，在强化审批服务上，继续提前介入、主动指导，开展点对点帮助，及时发现企业项目在建设、运营过程中环保方面的难点、问题等，及时上门指导解决。

启动"区域环评＋环境标准"改革

根据浙江省政府办公厅印发的《关于全面推行"区域环评＋环境标准"改革的指导意见》，从2017年7月起，绍兴启动"区域环评＋环境标准"改革。

据了解，在此次改革中，根据项目建设对环境影响的程度，推行免于环评手续、网上在线备案、降低环评等级、精简环评内容、承诺备案管理、创新环保"三同时"管理6项措施。改革后，新建项目落地将减少80%的环评审批事项，减少60%的申报材料，压缩50%以上办事流程，同时为企业减少50%以上的环评费用。

环评审批简化后，强化事中事后监管也成为改革的重点之一。绍兴市环保局相关领导表示，环保部门将加大对环评承诺备案项目的抽查比例和力度，以排污许可证许可事项和管理要求落实情况作为检查重点，建立起以排污许可证制度为核心的执法监管新模式。对企业不按照排污许可证排污的行为，依法进行严厉处罚。

资料来源：徐晶锦、胡晓东：《网上备案　容缺受理　快递送达　绍兴力推"最多跑一次改革"》2017年8月4日，第7版。

 经验借鉴

为贯彻落实浙江省关于加快推进"最多跑一次"改革实施方案，努力推进环保"最多跑一次"行政审批改革真正落实到位，绍兴市环保局加快改革步伐，切实提高行政审批服务质量与实效。简单来说，可以得出以下经验：①简化登记表备案流程，在互联网上进行操作，实现登记表备案"零上门"；②提供审批事项材料快递送达服务，为减少跑动次数，绍兴市还通过"政府买单"的形式引入特快专递送达服务，不断扩大"最多跑一次"和"零上门"事项办理范围；③推行容缺受理服务，在申报材料主件齐全及建设单位承诺及时提供剩余材料的前提下，试行预先审查，符合审查条件可立即受理，建设单位领取许可决定时补齐相应所缺材料；④启动"区域环评＋环境标准"改革，根据项目建设对环境影响的程度，推行免于环评手续、网上在线备案、降低环评等级、精简环评内容、承诺备案管理、创新环保"三同时"管理6项措施；⑤强化事中事后监管，加大对环评承诺备案项目的抽查比例和力度，以排污许可证许可事项和管理要求落实情况作为检查重点，建立起以排污许可证制度为核心的执法监管新模式。对企业不按照排污许可证排污的行为，依法进行严厉处罚。

三、政府多费心　企业少操心

 案例梗概

1. 浙江省台州市椒江区环保分局专门组建专业项目审批代办服务队伍。

2. 进一步深化"最多跑一次"改革，延伸"最多跑一次"服务，推进"妈妈式服务"。

3. 向31名代办员颁发首批区环保项目审批代办服务人员聘书。

4. 代办员将启动全程代办服务，提供一对一上门服务。

关键词：最多跑一次；"妈妈式服务"；全程代办服务；组建环保项目审批代办员队伍

 案例全文

"您好！您企业年产65吨的万古霉素技改项目进行到了哪一步？明天就要召开企业评审会了，这个项目要分两步进行，我这边先跟您核实一下，免得到时候有什么遗漏。明天您这边要邀请的单位是环评单位、废水废气环保处理设施设计单位……"

2018年3月6日上午，刚刚接受过培训领到聘书的代办员徐超星匆匆赶到雅赛利（台州）制药有限公司，进行工作对接。

为了进一步深化"最多跑一次"改革，延伸"最多跑一次"服务，推进"妈妈式服务"在环保工作中的落实，浙江省台州市椒江区生态环境分局专门组建专业项目审批代办服务队伍，让企业享有更快的环保审批服务，雅赛利（台州）制药有限公司成为首家申请代办服务的对象。

截至2018年4月，椒江区共有31名代办员收到了区环保分局颁发的聘书，正式成为首批区环保项目审批代办服务人员。代办员主要负责为企业代办全区范围内所有建设项目的环评申报、备案、验收和排污许可证发放等业务。

椒江区生态环境分局相关领导说，以前企业到审批单位是只跑一次就够了，但是，企业到中介机构，还没有真正实现跑一次，有些资料提交可能需要跑三四次，建立了代办员队伍，由职能部门全程代办项目审批，就是让企业再也不用跑，安心做企业。作为环保部门，就要多为企业着想，把企业碰到的问题及时解决，这才是真心地帮扶企业。

环保审批作为生态环境保护工作的最前端，事关企业生存发展、民众环境权益和生态环境保护。所有建设项目动工之前必须要进行环评审批，由于程序比较繁杂，一般企业都会委托第三方协助准备环评申报相关工作。

截至2018年3月6日，椒江区生态环境分局已收到7家企业关于环评申报、竣工验收环保事项等代办服务的申请，代办员将启动全程代办服务，争取审批速度更快、期限更短，真正做到政府多费心，企业少操心。

"应该说，这是一个挺意外的惊喜，以前，在申报过程中，我们也聘请第三方公司来帮助我们做评审报告。但是像现在这种一对一的服务，相当于变成了他们处在一个主动的地位，支持企业，帮助企业，这跟以前我们主动他们被动的局面有一个根本性的转变。"雅赛利（台州）制药有限公司总经理赵磊说。

赵磊表示，对企业来说，时间就是金钱，早上项目早受益，像这样一对一提供上门服务，不仅贴心，更重要的是节省了企业上项目的时间，让企业实实在在地在"最多跑一次"改革中受惠得益。

资料来源：徐丽平、晏利扬：《台州椒江区组建环保项目审批代办员队伍 政府多费心 企业少操心》，《中国环境报》2018年4月5日，第1版。

 经验借鉴

为了进一步深化"最多跑一次"改革，延伸"最多跑一次"服务，推进"妈妈式服务"在环保工作中的落实，浙江省台州市椒江区生态环境分局专门组建专业项目审批代办服务队伍，让企业享有更快的环保审批服务。简单来说，可以得出以下经验：①代办员职责：代办员主要负责为企业代办全区范围内所有建设项目的环评申报、备案、验收和排污许可证发放等业务；②代办员服务特色：代办员将启动全程代办服务，争取审批速度更快、期限更短，一对一提供上门服务，不仅贴心，更重要的是节省了企业上项目的时间，让企业实实在在地在"最多跑一次"改革中受惠得益。总之，环保审批作为生态环境保护工作的最前端，事关企业生存发展、民众环境权益和生态环境保护。政府转变服务理念，使企业处于主动地位，支持企业，帮助企业，让企业实实在在地在"最多跑一次"改革中受惠得益。

四、简政放权提速增效　环评改革便民利民

 案例梗概

1. 金华市环保部门实施"四个一批"简政放权和"5+X"预审联评的"四批一联"审

批制度改革。

2. 取消了包括社会事业与服务、城市基础设施、城市交通公路等多个行业的建设项目环评审批。

3. 通过"取消一批、备案一批、下放一批、简化一批"，实施简政放权。

4. 联评阶段实行重污染项目"专家评估、联席会议审查、局长办公会议审议"的联评制度。

5. 采取多项配套便民服务措施，提能增效，提升服务满意度。

关键词："5+X"预审联评；"四批一联"审批制度；备案一批；下放一批；简化一批

 案例全文

近年来，金华市环保部门通过实施"四个一批"简政放权和"5+X"预审联评的"四批一联"审批制度改革，并配套限期办理承诺、跟踪对接服务等多项便民服务措施，不仅使金华市区近 2/3 的建设项目无须环评审批，而且审批时限也比法定时间缩短了 80% 以上，受到社会公众的普遍欢迎。

"四个一批"简政放权，精简审批事项减轻企业负担

"以前，开寿司店也需要环评审批，多跑一个部门，开店的时间也要往后拖一拖。现在，无灶头的寿司店不用环评审批了，可以早点开业挣钱了。"金华经济技术开发区宾虹路一家寿司店店主蒋先生高兴地表示。

据悉，为切实减轻企业负担，更好地服务小微企业，金华市根据国家、省法律法规和文件要求，取消了一批建设项目环评审批，主要包括社会事业与服务、城市基础设施、城市交通公路等多个行业。这些建设项目不再进行环评，不需要办理环评审批和验收手续。

"除了不含灶头的寿司、披萨店外，像政府便民服务中心，不设煎药的中医门诊部，计算机和辅助设备修理店等，都不需要环评审批了。"金华市环保局相关负责人介绍，除了取消一批，市环保部门还通过"备案一批、下放一

批、简化一批"，即所谓的"四个一批"实施简政放权、精简审批事项。

据介绍，"备案一批"就是对所有环评登记表项目和审批目录清单外的工业企业"零土地"技改项目实施承诺备案制，企业只需提交备案申请并签订备案承诺书，不再办理项目环评审批和验收许可手续。"下放一批"则是下放行政审批权限，除需要国家、省和市级统筹的建设项目外，其他项目环评审批权限全部下放至县（市、区），由所在地环保部门负责属地企业审批、验收及日常监管，实现"一站式服务、审批不出区"。"简化一批"是在已完成规划环评、管理规范、环境基础设施配套完善的县级以上人民政府依法设立的各类产业园区，探索实施"区域环评 + 环境标准"改革试点，简化环评内容、缩短环评审批时间。

2017 年，金华市区建设项目中近 60% 列入取消审批管理，10% 作为环评文件承诺备案管理，即 2/3 的建设项目不再需要环评审批。

"5+X" 预审联评，部分项目审批时间由 50 天缩短到 1 天

"感谢环保部门快速高效地帮助我们完成了环评审批，使项目能在最短的时间内开工。"金华梅溪水环境综合整治项目总工程师说。

据了解，梅溪水环境综合整治项目在获得规划局、国土局正式批复之前，金华环保部门就提前受理了环评报告，提前开展了环评审批公示，并在公示结束和获得相关意见之后，便即刻做出环保审批决定，整个项目审批时间较以往提前了近 10 个工作日。

"对梅溪水环境综合整治项目，我们就实行了'5+X'预审联评，提前受理，全程服务指导。"金华市环保局相关负责人介绍，"5"是指发改委（经信局）、规划局、国土局、环保局等部门的审核意见，"X"为具体项目建设单位有关材料。在预审阶段，市环保局对照"空间、总量、项目"准入要求，对有关部门审批意见进行审查，简化前置条件；梳理建设项目缺少的资料或不符合审批的情况，使企业全面了解审批要求；指导和帮助企业尽快达到审批标准，缩短正式审批时间。联评阶段实行重污染项目"专家评估、联席会议审查、局长办公会议审议"的联评制度，把好准入关。

金华市环保局相关负责人指出，从审批时间来看，金华目前开展审批的环评报告书、报告表，做出审批决定的时限分别比法定时间缩短了 88.3%、83.3%，

环评登记表项目则实行备案制，当天即能办结。其中尤为突出的就是建筑面积小于 5 万平方米的宾馆、酒店、办公用房类建设项目（涉及环境敏感区的除外），审批时限从过去的 50 天缩短到了现在的 1 天，审批效率提高了 98%。

配套多项便民措施，提供对应服务群众满意度提高

"环保部门由领导带队，多次主动上门现场服务，帮助我们解决了很多环保难题。"浙江金农化纤有限公司总经理表示。

浙江金农化纤有限公司前身为浙江金丝化纤有限公司，生产经营范围为化学纤维的制造、销售。但原浙江金丝化纤有限公司一直未依法办理建设项目环保验收手续，所以存在环保验收方面的难题。金华市环保局得知情况后，组建了由局领导、环保业务骨干、环保专家组成的企业服务小队进行跟踪对接服务，现场向企业发放《环保事项服务单》，让企业选择所需要的环保服务，通过"订单"和"预约"的形式，落实对接措施，提供对应服务，帮助解决环保难题。

此外，金华环保部门还采取了多项配套便民服务措施，提能增效，提升服务满意度。比如，对项目审批咨询实行一次性告知，编制一次性告知清单，使办事群众一看告知单就清楚办事流程、具体条件、须提供资料和时限；对拟审批建设项目进行逐项预先审核，明确告知办事群众缺少的资料、不符合审批要求的情况，使办事群众对项目审批情况做到心中有数。对审批实行限期办理承诺，流程能简化的尽量简化，尽量缩短时间，从严限定审批承诺期限；做到环评报告书、报告表审批承诺时限为 7 个和 5 个工作日，登记表和"零土地"技改备案项目即日办结。对审批事项加强事中事后监管，实行动态评估机制和后督察机制，及时督促整改，实现审批全程公开，确保权力在阳光下运行。

资料来源：朱智翔：《金华环评审批不再包罗万象 简政放权提速增效，环评改革便民利民》，《中国环境报》2017 年 12 月 29 日，第 5 版。

 经验借鉴

金华市环保部门通过实施"四个一批"简政放权和"5+X"预审联评

的"四批一联"审批制度改革，并配套限期办理承诺、跟踪对接服务等多项便民服务措施，不仅使金华市区近2/3的建设项目无须环评审批，而且审批时限也比法定时间缩短了80%以上，受到社会公众的普遍欢迎。主要经验有：①实行"四个一批"简政放权，精简审批事项减轻企业负担。金华市环保部门通过"取消一批、备案一批、下放一批、简化一批"，即"四个一批"实施简政放权、精简审批事项。取消了一批建设项目环评审批，主要包括社会事业与服务、城市基础设施、城市交通公路等多个行业；"备案一批"就是对所有环评登记表项目和审批目录清单外的工业企业"零土地"技改项目实施承诺备案制；"下放一批"则是下放行政审批权限，除需要国家、省和市级统筹的建设项目外，其他项目环评审批权限全部下放至县（市、区）；"简化一批"是探索实施"区域环评＋环境标准"改革试点，简化环评内容、缩短环评审批时间。②实行"5+X"预审联评制度。"5"是指发改委（经信局）、规划局、国土局、环保局等部门的审核意见，X为具体项目建设单位有关材料。部分项目审批时间由50天缩短到1天。③发放《环保事项服务单》。对存在环保验收方面难题的企业，现场向企业发放《环保事项服务单》，让企业选择所需要的环保服务，通过"订单"和"预约"的形式，落实对接措施，提供对应服务，帮助解决环保难题。④配套多项便民措施，提供对应服务群众满意度提高。对项目审批咨询实行一次性告知，编制一次性告知清单；对拟审批建设项目进行逐项预先审核，明确告知办事群众缺少的资料、不符合审批要求的情况；对审批实行限期办理承诺，做到环评报告书、报告表审批承诺时限为7个和5个工作日，登记表和"零土地"技改备案项目即日办结。⑤加强事中事后监管。对审批事项加强事中事后监管，实行动态评估机制和后督察机制，及时督促整改，实现审批全程公开，确保权力在阳光下运行。

五、勤踏勘工作做在前　让企业最多跑一次

 案例梗概

1.湖州市环保局秉持"店小二"意识，提供"保姆式"服务，让企业"最多跑一次"。

2.加强"互联网＋政务服务"的平台建设，数据多跑路，业主少跑腿。

3.18个企业办事事项百分之百实现"最多跑一次"，其中9个事项实现"零上门"。

4."最多跑一次"由环保系统内向系统外延伸，要求环评单位提高质量、提高效率、提高服务水平。

关键词：店小二意识；"保姆式"服务；实现"零上门"

 案例全文

国务院总理李克强曾在政府工作报告中专门指出，要深化"放管服"改革，深入推进"互联网＋政务服务"，使更多事项在网上办理，必须到现场办的也要力争做到"只进一扇门""最多跑一次"。湖州市环保局正是秉持"店小二"意识，提供"保姆式"服务，以满足群众办事便利需求为衡量标准，力求让企业办事"最多跑一次"。

企业跑腿少了，环保局电话沟通多了

奥尔立公司原来在上海生产，为了进一步扩大规模，迁往湖州市长兴县。公司总经理徐森峰说："我们请环评公司做了环评，本来要亲自把环评报告送到审批窗口的，但是电话咨询工作人员说网上申报就可以。""互联网＋政务服务"的平台建设，让数据多跑路，减少了业主的跑腿。

然而，事情却并不顺利。湖州市环保局行政审批处的工作人员林兰接到奥尔立公司提交的环评报告，审核时发现环评公司把一项标准用错了，导致排放量核算出现差错。

听说环评报告有问题，徐森峰非常着急："对于环评报告的技术要求我们是外行，但是工厂又急着建设施工，审批不及时通过的话，后面的一系列工作都没办法开展。"此时，他的第一反应就是赶紧到湖州市环保局沟通。

但是林兰安慰他不要着急。"这个项目的情况我们前期非常熟悉，就是报告中的一个标准引用错误了。"于是，林兰一边指导环评公司尽快修改，一边协调长兴县环保部门预先审核污染物排放总量。

企业不需要跑了，但是林兰给企业、环评公司、长兴县环保局来来回回打了许多次电话。以至于徐森峰现在接到电话，能马上听出林兰的声音。最终，仅仅用了一个星期就完成了项目审批。

与以往办事一次又一次地上门沟通不同，这次，直到审批全部完成，徐森峰才接到环保局的通知，可以上门领取结果。

见到林兰的时候，徐森峰递上企业专门为湖州市环保局制作的锦旗——"为企业排忧解难，做人民满意公仆"。徐森峰说，锦旗上的话是作为企业管理者发自内心的感受。"湖州市环保局真心地为企业服务，我们以后一定做好环保工作，否则对不住环保部门的同志。"林兰的"辛苦指数"换来了业主的"满意指数"。

18 个企业办事事项实现"最多跑一次"

像奥尔立公司这样的例子有很多。湖州市环保局相关领导介绍，湖州市环保局 18 个企业办事事项百分之百实现"最多跑一次"，其中 9 个事项实现"零上门"，"例如排污许可证申领，或者仅需要备案的小项目，我们会把审批结果快递给申请人，实现'零上门'"。

那么，湖州市环保局是如何让企业实现"最多跑一次"的呢？

按照《浙江省环境保护厅加快推进"最多跑一次"改革实施方案》，湖州市环保局结合本地实际细化改革举措，研究建立在线申请、全程代办、即审即办、全流程网上办理、就近办理、同城通办、快递送达、集中进驻等一系列事项清单，审批事项全部进入湖州市政务服务大厅，而且申请全部实现在线提交。

"以前有朋友办事还请我们帮忙咨询需要什么材料，现在完全不用。"林兰说，"湖州市政务服务网上对于办理事项的材料要求、办理程序、咨询电话等都有明确告知，有一些事项甚至明确标注'免于上门'。"让企业"跑一次"甚至"零上门"会不会影响审核把关效果？面对疑问，湖州市环保局行政审批处负责人表示："不会。我们的服务从招商环节就开始介入了。"潘月介绍，湖州市内省级以上的工业园区都进行了规划环评，市级的几个工业功能区也已经完成规划环评，确定了区域内的主导产业后，对于具体项目准入就非常具有指导性。"区域环评、规划环评不是只给环保部门看的，招商部门也要了解。"潘月说,不符合区域发展方向的项目,在招商阶段就拒绝了。"现在我们两个部门已经形成默契,如果招商部门对项目把握不准,经常会请环保部门帮助加以甄别。最大可能地避免了企业做了环评、买了土地,但是环保审批不能通过带来的损失。"

湖州市环保局提前介入,已经连续几年深入县区做项目服务,2017 年还每季定期了解县区要引进的重大项目,帮忙分析能否通过环保审批。企业虽然"最多跑一次",但是整个审批流程一项都没有少。"只不过以前由企业去跑的那些程序,现在都是我们去跑了。"潘月笑着说。

"有一些问题在图纸上是看不出来的。"林兰说,一次她到一个房地产项目的选址处去实地踏勘,发现旁边就是高压线,而高压线与房地产项目间的影响并没有体现在环评报告中,因此要求环评单位补充相关内容。

实地踏勘还有一项重要内容,潘月介绍,"一些项目是从其他地方转移过来的,我们都会去它老项目的所在地,亲眼看看在那边的具体情况"。

林兰说,她甚至去广东实地考察过。"工厂要环保达标不仅要治污技术好,还要管理到位,而企业管理如何是体现不到环评报告中的,去看看项目在原地的运行情况最直观了。"

有些项目可以"零上门",但坚持请负责人来一次

虽然很多项目都可以实现"零上门",但是对于重点项目,湖州市环保局还是要求企业负责人在环评批复后亲自来一次。

"本来我们可以把审批结果快递给企业,但是我们提出跑一次,也是有考虑的。"林兰说,"环评审批不是批完就结束了,我们环保部门会一直伴随着企业,所以我们要请企业的负责人来一次,亲自叮嘱他们后续的要求。"

"熟知项目环评批复文件中提出的各项环境管理要求,污染防治工程须委托有资质的单位设计、施工,企业应落实领导负责环境管理工作……"每一位来取审批结果的企业负责人都会收到这样一份"温馨提示"。湖州市环保局的同志甚至还会翻开企业的环评报告,把需要重点落实的内容一条一条地指给企业负责人,"环评批复的要求不是写在纸上给我们看的,是需要你们在施工期、运行期落实的"。

林兰会苦口婆心地叮嘱企业负责人:"你们的环保不要满足于 60 分,今

年做了 60 分，明年可能就不及格啦。你们一次做到 80 分，不用花修修补补的钱，自己也开心。"

对于印染企业，潘月则会特别提醒，国家已经制订新的行业排放标准，企业在选择废水处理技术的时候最好向着新标准的要求一步到位，否则过一两年又要去改造处理设施，可能因为没有预留，连场地问题都不好解决。"我们纯粹是出于真心，像朋友一样与企业主交流，替企业着想。"

"在刚完成审批的时候就对企业谈细致、讲清楚，可以尽量避免企业因为政策法规不清楚出现的违法行为，也能够有效缓解后续的执法压力，防止严重污染事件的发生。"市环保局相关负责人说。

此外，湖州市环保局还推动"最多跑一次"由环保系统内向系统外延伸，要求环评单位提高质量、提高效率、提高服务水平。同时，加强环保局内部以及与发改委、工商局等部门信息的打通，进一步提高审批效率。"让企业最多跑一次是我们的原则，跑多次是例外，全面提升服务水平。"

资料来源：步雪琳、晏利扬：《湖州环保局服务到家管理到位勤踏勘工作做在前让企业最多跑一次》，《中国环境报》2018 年 3 月 27 日，第 2 版。

 经验借鉴

在深化"放管服"改革，深入推进"互联网＋政务服务"工作方面，湖州市环保局秉持"店小二"意识，提供"保姆式"服务，以满足群众办事便利需求为衡量标准，力求让企业办事"最多跑一次"。主要经验有：①推行"互联网＋政务服务"和"零上门"。建立在线申请、全程代办、即审即办、全流程网上办理、就近办理、同城通办、快递送达、集中进驻等一系列事项清单，审批事项全部进入湖州市政务服务大厅，而且申请全部实现在线提交。②审批服务渗透到招商环节。湖州市内省级以上的工业园区都进行了规划环评，市级的几个工业功能区也已经完成规划环评，确定了区域内的主导产业后，对于具体项目准入就非常具有指导性，不符合区域发展方向的项目，在招商阶段就拒绝。③审批"零上门"，服务"伴终生"。虽然很多项目都可以实现"零上门"，但是对于重点项目，湖州市环保局还是要求企业负责人在环评批复后亲自来一次。每一位来取审批结果的企业负责人都会收到一份"温馨提示"。湖州市环保局的同志甚至还会翻开企业的环评报告，把需要重点落实的内容一条一条地指给企业负责人。④实现协同式管理，提升服务水平。湖州市环保局还在推动"最多跑一次"由环保系统内向系统外延伸，要求环评单位提高质量、提高效率、提高服务水平。同时，加强环保局内部以及与发改委、工商局等部门信息的打通，进一步提高审批效率。

六、进园把好绿色关　入企帮扶开"处方"

 案例梗概

1. 宁波市"环保督政问企"行动全面铺开，力争全市县、乡、村3级工业集聚区环保"督政问企"全覆盖。
2. 现场了解企业生产和污染治理设施运行情况，对环境问题进行"问诊"和"会诊"。
3. 普及法规助企业知法守法，环保"督政"同步推进。
4. 坚持服务为先、综合施策、分类指导，促进企业转型升级。

关键词：专家入企现场开"药方"；环保审批实现"零次跑"；环保"督政"同步推进

 案例全文

2018年3月，浙江省宁波市"环保督政问企"行动全面铺开，第一批安排了20个省级以下工业集聚区进行"督政问企"，同时，市、区（县/市）联动，力争全市县、乡、村3级工业集聚区环保"督政问企"全覆盖。

专项行动组建环保专家团，根据前期掌握的资料信息，通过工作座谈、业务指导、咨询服务等多种方式，现场了解企业生产和污染治理设施运行情况，对园区和企业存在的环境问题进行"问诊"和"会诊"。

普及法规助企业知法守法

2018 年，在余姚黄家埠工业园区，宁波市环保局专家给 69 家企业负责人举办了环保法规培训会。培训会上讲到，2017 年 10 月 1 日起施行的《建设项目环境保护管理条例》以及配套的《建设项目竣工环境保护验收暂行办法》，其中一条规定：除需要取得排污许可证的水和大气污染防治设施外，其他环境保护设施的验收期限一般不超过 3 个月；需要对此类环境保护设施进行调试或者整改的，验收期限可以适当延期，但最长不超过 12 个月。

余姚黄家埠工业园区的宁波金龙绒制品有限公司负责人周信波这才"恍然大悟"，自己的坯布染色车间已经可以开始调试。

"现在工人比较难招，整个车间需要六七十人，预计一周内应该能投入生产。"周信波说，2017 年 10 月，坯布染色车间建成。按照以往的经验，新的建设项目需要环保验收后才能开始生产。为此，车间一直没敢投用，这一等就是半年。多亏环保督政问企小分队带来了培训会，才了解到新政策。

"在调试过程中，环保部门根据相关污染物排放情况再进行环保设施的验收。"法规培训会的讲课专家说。

周信波说："由于对环保法律法规理解不透彻，导致自己耽误了半年的生产，直接经济损失可能达到上千万元。"其实企业对环保工作很重视，2017 年在中水回用方面的投入超过 400 万元。这次环保部门送服务到企业，感觉特别舒心。

专家入企现场开"药方"

宁波市环境科学研究院副院长刘中表示，要从根本上对企业进行"环保扫盲"，除了不定期的培训教育外，还要督促企业设立专职环保管理机构和人员，在帮助企业提速增效的同时降低环保风险。

在北仑区小港尚恒机械厂生产车间，入企勘察的"环保督政问企"北仑小分队发现有轻微的焊接烟尘。这家企业 2017 年因环保问题受到处罚后，立即进行了相关整改，截至 2018 年 4 月已投入 10 万多元添置了除尘设备，并在车间加装了移动式除烟设备。

"这个建设项目有没有完成竣工环保验收？"小分队负责人问道。"还没有，但已经委托第三方，他们马上会过来。"企业负责人说，企业以生产注塑机机架和钣金为主，排放的废气主要是焊接切割产生的废气和粉尘。

在走访过程中，环保专家提醒企业："废机油属于危险废物，随意倾倒 3 吨以上是要坐牢的。"针对企业存在的环保问题，小分队现场开出了"药方"：建设项目要尽快完成竣工环保验收；危险废物处置一定要找有资质的处理公司；要尽快确定企业的环保专职或兼职人员。

环保审批实现"零次跑"

在镇海经济开发区，"由于设备工艺更新，部分环保项目登记与实际生产情况不符，要完善相关信息登记。"在看完宁波市佰特明威户外用品有限公司的环保审批文件与生产车间后，镇海区"环保督政问企"小分队环保专家、镇海区环保局行政许可科负责人现场指导企业通过浙江省环保备案登记管理系统完善了相关信息登记，进行环保审批，让企业"零次跑"。

"在帮助我们提高环境意识的同时，环保部门还提供了便捷的服务，大大加快了企业的绿色发展。"佰特明威公司总经理王巍威说，公司主要生产帐篷、睡袋等户外用品，产品销往欧美国家。"这些年来，得益于对环保的重视，我们的海外市场不断扩大。"

在宁波和富塑胶实业有限公司，叶林同样在现场指导企业对现有处理设施进行了网上登记备案。和富塑胶公司主要生产改良 PVC，公司经理徐智明介绍，他们公司的聚氯乙烯投料及拌料粉尘经收集处理后排放，原处理工艺为旋风除尘，升级改造后，现已改为水喷淋吸附。针对这家企业存在的生产噪声大这一问题，"环保督政问企"小分队现场建议，采取隔音措施或更换噪声小的新型设备。

"这几年，我们一直在努力提升环保能力。我们会根据专家提出的意见进行整改，把环保工作做得更好。"徐智明说。

环保"督政"同步推进

除了为企业进行环保"体检"，"督政"也是此次行动的重中之重。

截至 2018 年 4 月慈溪高新技术产业开发区现有企业 43 家，已投产 19 家。此次"环保督政问企"行动中，慈溪小分队对 19 家企业全部进行了"体检"。开发区相关负责人介绍，开发区以"4+X"为产业发展导向，引进的企业主要涉及智能装备、新能源、新材料、生命健康等新兴产业。

"我们致力于追求绿色 GDP。"开发区相关负责人介绍，园区从项目引进开始，就让环保部门提前介入，为园区绿色发展"把关"，然后再到项目落户、完成投产、日常监管。环保服务几乎贯穿企业发展的全过程。2017 年开发区实现产值 53.6 亿元，同比增长约 35%。

随着园区内的企业驶入发展快车道，开发区和园区企业也提出了"企业投产多，产能扩展迅猛，能否加快环保审批"的建议和"多提供环保新技术，提速企业发展"的希望。小分队现场表示，将进一步提高环保服务效率，满足企业扩容需求，加快促进企业绿色发展。

根据"问诊"和"会诊"结果，专家将帮助园区和企业按照国家环保政策法规要求，进一步提升生产工艺水平和污染物治理能力，从而使园区和企业解除环保后顾之忧。

"此次行动坚持服务为先、综合施策、分类指导，促进企业转型升级。"宁波市环保局相关负责人表示，对污染严重、不符合发展导向的落后产能、"低小散"企业坚决予以取缔淘汰；对符合产业政策但环保手续不全的，按照"最多跑一次"改革要求，加快审批进程，促进合法生产；对环保设施与治污要求不相适应的，蹲点指导企业规范整治，切实提升企业治污水平。

下一步，宁波市"督政问企"服务小分队将在完成集中"督政问企"工作后的一周内，对督查中发现的问题进行认真梳理，以督查单方式向被"督政问企"工业集聚区的管理部门作书面反馈。督促相关管理部门及时制定整改方案，并迅速展开整改工作。

资料来源：王璐：《宁波"环保督政问企"行动全面铺开进园　把好绿色关　入企帮扶开"处方"》，《中国环境报》2018 年 4 月 3 日，第 5 版。

 经验借鉴

浙江省宁波市"环保督政问企"行动全面铺开，专项行动组建环保专家团，通过工作座谈、业务指导、咨询服务等多种方式，现场了解企业生产和污染治理设施运行情况，对园区和企业存在的环境问题进行"问诊"和"会诊"。专项行动中，所谓"督政"是指压紧压实环境保护"党政同责、一岗双责"，重点监督政府环境保护基础设施建设运行是否到位，以及企业履行主体环保责任是否到位。"问企"主要指通过组织专家服务团队入企开展问诊把脉，送技术、送政策、送标准，帮助企业解决环保技术难题，提升生产工艺水平和污染防治能力，并以点带面促进区域环境问题得到有效改善。主要经验有：①普及法规助企业知法守法。在余姚黄家埠工业园区，宁波市环保局专家给69家企业负责人举办了环保法规培训会。②专家入企现场开"药方"。从根本上对企业进行"环保扫盲"，除了不定期的培训教育外，还督促企业设立专职环保管理机构和人员，在帮助企业提速增效的同时降低环保风险。③环保审批实现"零次跑"。在帮助企业提高环境意识的同时，环保部门还提供了便捷的服务，大大加快了企业的绿色发展。④环保"督政"同步推进。以慈溪高新技术产业开发区为例，园区致力于追求绿色GDP，从项目引进开始，就让环保部门提前介入，为园区绿色发展"把关"，然后再到项目落户、完成投产、日常监管。环保服务几乎贯穿企业发展的全过程，进一步提高环保服务效率，满足企业扩容需求，加快促进企业绿色发展。同时，坚持服务为先、综合施策、分类指导，促进企业转型升级。总之，环保"督政问企"行动，重在"督"和"问"，核心是落实绿色发展理念，帮助企业解决环保难题，促进企业转型升级，推动高质量发展。

七、环保综合督察长效化　形成多方联动工作格局

案例梗概

1. 丽水市在全省率先建立了生态环境保护综合督查长效机制。

2. 以督查为契机，补齐短板，倒逼产业转型升级。

3. 每年开展一次生态环境保护综合督查。

4. 完善环境保护工作考核机制，将生态环保工作纳入相关部门年度综合考核的重要内容。

关键词："党政同责"；"一岗双责"；"四不放过"原则

 案例全文

2017年，浙江省丽水市出台了《关于巩固提升中央环保督察成果 建立生态环境保护综合督查长效机制的工作方案（试行）》（以下简称《方案》），从市委、市政府层面在全省率先建立了生态环境保护综合督查长效机制，着力形成"党政同责、一岗双责、权责一致、多方联动"的常态化生态环境保护工作格局。

以督查为契机构建环保长效机制

作为浙江省的生态金名片，丽水市始终坚持把生态文明建设和环境保护放在突出位置。在中央第二环境保护督察组进驻期间，丽水市接收33批信访件共250件（重点件14件，一般件236件），总件数位居全省第十。各地坚持最高规格督办，最严要求整改，均已按要求办结。

同时，全市以督查为契机，补齐短板，倒逼产业转型升级。截至2017年11月，已责令企业整改275家，立案处罚410家，拟罚款2530.7万元，停产201家，查封扣押15家，行政拘留9人，刑事拘留3人。

环境保护是一场持久战，为了巩固中央环保督察成果，避免"督察组一走，污染就回来"的反弹回潮，丽水市总结经验，将环保督查纳入制度化、规范化、常态化轨道。

《方案》突出问题导向，标本兼治，要求将中央环保督察问题后续整改工作与落实环境保护政策措施紧密结合，建立健全常态化的综合督查工作机制，开展坚强有力的环境隐患排查监督检查，做到全覆盖、零容忍、严执法、重实效。

丽水市明确了各县（市、区）党委、政府及市直相关部门主体责任，一级抓一级，层层抓落实，确保取得实效。健全和完善"党政齐抓共管、部门依法监管、企业事业单位和其他生产经营者全面负责"的生态环境保护工作体系，推动生态环境保护"党政同责""一岗双责"责任机制不折不扣落实到位，努力在改善区域环境质量、构建"大环保"工作格局等方面取得实效。

生态环境保护综合督查每年开展一次

《方案》明确，成立以市委书记为组长、市长为常务副组长的丽水市生态环境保护综合督查工作领导小组，并下设协调联络组，采取座谈汇报、资料调阅、现场检查、受理群众举报、公开督查信息等方式，每年开展一次生态环境保护综合督查。具体督查内容包括：

环境保护决策部署贯彻落实情况。重点督查环境保护法律法规执行情况，国家、省、市环境保护重大决策部署以及环境保护计划、规划、重要政策措施落实情况。

突出环境问题及处理情况。包括环境质量变化情况，区域性、流域性环境问题，环境基础设施建设问题，群众反映强烈、社会关注度高、危害群众健康等破坏生态、污染环境的突出问题和重大环境安全隐患，上级督办的重点生态环境问题，群众信访投诉纠纷以及突发性环境应急问题的解决和处理情况。

环境保护责任落实情况。各县（市、区）及市直相关部门落实环境保护"党政同责"和"一岗双责"情况，包括对生态环境保护工作的研究部署、制度建设、责任落实、督促检查、工作成效、责任追究和长效机制建立等情况。各县（市、区）将生态环境保护纳入经济社会发展规划及投入情况；建立党委、政府统一领导，各部门分工负责的"大环境"保护体制，落实生态环境保护网格化管理情况。

通过问责确保压力传导到位

在中央环保督察期间，丽水市成立以市纪委副书记、市监委副主任为组长的督办监察工作组，并制定《中央环保督察丽水督办监察工作方案》（以下简称《监察工作方案》），有效起到了压力传导和监督履职的作用。这一环保督查问责形式也在《监察工作方案》中得到集中体现。《监察工作方案》要求，完善环境保护工作考核机制，将生态环保工作纳入市委、市政府对各县（市、区）和市直相关部门年度综合考核的重要内容。对处置不力、推诿扯皮、拖延时间造成损害的进行通报，并在考核中酌情扣分；对因职责履行不到位，导致辖区内或主管行业发生较大以上环境事故，对发生环境事故隐瞒不报、组织救援不力，致使损失扩大或引发群体性事件的，或突出环境问题整改不力，实行"一票否优"。同时，实行环保履职年度报告制度，各县（市、区）党委、政府及市直相关部门每年向市委、市政府专题报告履行环境保护"党政同责、一岗双责"情况。

对党政领导干部违反生态环保相关规定的，依照《丽水市党政领导干部生态环境损害追究实施细则（试行）》的有关规定，严肃追究责任。对发生环境事故的企业事业单位和其他生产经营者，除按"四不放过"原则（事故原因未查清不放过、责任人员未受到处理不放过、事故责任人和周围群众没有受到教育不放过、事故制定的切实可行的整改措施未落实不放过）查处外，对涉及污染环境、破坏生态犯罪的，依法移交司法机关追究刑事责任。对环境违法生产造成人员伤亡、迟报瞒报事故、发生事故后逃逸等情节和行为的，依法从重处罚。

资料来源：王雯、晏利扬：《丽水生态环保综合督查将长效化　着力形成"党政同责、一岗双责、权责一致、多方联动"工作格局》，《中国环境报》2017年11月07日，第02版。

 经验借鉴

浙江省丽水市在全省率先建立了生态环境保护综合督查长效机制，着力形成"党政同责、一岗双责、权责一致、多方联动"的常态化生态环境保护工作格局。主要创新性做法有：①以督查为契机构建环保长效机制。突出问题导向，标本兼治，要求将中央环保督察问题后续整改工作与落实环境保护政策措施紧密结合，建立健全常态化的综合督查工作机制，开展坚强有力的环境隐患排查监督检查，做到全覆盖、零容忍、严执法、重实效。②生态环境保护综合督查每年开展一次。具体督查内容包括：环境保护决策部署贯彻落实情况；突出环境问题及处理情况；环境保护责任落实情况。③通过问责确保压力传导到位。完善环境保护工作考核机制，将生态环保工作纳入市委、市政府对各县（市、区）和市直相关部门年度综合考核的重要内容。对党政领导干部违反生态环保相关规定的，依照《丽水市党政领导干部生态环境损害追究实施细则（试行）》的有关规定，严肃追究责任。

八、全面落实环境报告制度

 案例梗概

1. 丽水首次在两会审议了 2017 年环境状况和环境保护目标完成情况报告。

2. 县级以上政府每年向本级人民代表大会或人民代表大会常务委员会报告环境状况和环境保护目标完成情况。

3. 自 2018 年起，审议丽水市综合性环境报告，依法列入市人民代表大会会议议程。

4. 市人大常委会对环境保护的重点工作和突出问题，采用听取和审议专项报告方式，列入年度监督计划。

关键词：政府；全面落实环境报告制度；县覆盖；村试点

案例全文

保护生态环境就是保护生产力，改善生态环境就是发展生产力。在 2018 年丽水市两会上，出席会议的代表们除了审议政府工作报告和计划、预算报告，还审议了 2017 年环境状况和环境保护目标完成情况报告，这在丽水市两会历史上尚属首例。与此同时，年度综合性环境报告制度还在全市 9 个县（市、区）人大或常委会实现了全覆盖，全市 29 个乡（镇、街道）开展试点。

据了解，县级以上人民政府应当每年向本级人民代表大会或人民代表大会常务委员会报告环境状况和环境保护目标完成情况，对发生的重大环境事件应当及时向本级人民代表大会常务委员会报告，依法接受监督，是新环保法的一项重要制度安排。

为扎实推动该制度的全面落实，早在 2018 年 1 月，市人大常委会就向各县（市、区）人大常委会、市府办发出《全面落实环境状况和环境保护目标完成情况报告制度的实施意见》（以下简称《实施意见》）和《关于审议市人民政府〈丽水市 2017 年环境状况和环境保护目标完成情况的报告〉的通知》。

《实施意见》明确了全面落实环境报告制度的目标要求：市人大及其常委会要在丽水市四届人大第一次会议市政府向市人大报告 2016 年环境状况和环境保护目标完成情况的基础上，完善和规范综合性环境报告的监督方式和程序，带头全面落实环境报告制度。各县（市、区）人大或常委会要在 2018 年 6 月前完成首次审议综合性环境报告，及时全面落实环境报告制度。2018 年各县（市、区）选取 3 个以上乡镇开展环境报告试点，并于 2019 年实现乡镇开展环境报告全覆盖。

与此同时，自 2018 年起，审议丽水市综合性环境报告，依法列入市人民代表大会会议议程。市政府以书面形式报告，随同政府工作报告一并审议，代表审议发言提出的意见，统一交由市政府研究处理。代表依法就综合性环境报告及相关问题提出议案，会议主席团认为必要时，可以做出决议决定。市政府对代表审议综合性环境报告的意见研究处理或会议做出决议决定执行情况，应当在下次综合性环境报告中反馈。

市人大常委会对环境保护的重点工作和突出问题，采用听取和审议专项报告方式，列入年度监督计划。对于发生的重大环境事件，市政府应当及时向市人大常委会报告，常委会及时列为会议议题，其程序按专项报告执行。听取和审议环境报告，视监督工作需要，可组合采用专题询问、质询、特定问题调查和满意度测评等监督方式。

"全面落实环境报告制度是我市贯彻践行'两山理论'和'尤为如此'嘱托、依法推进环境保护的具体行动，是人大环境保护监督走向系统化、常态化、长效化的重要举措，是我市依托和发挥生态优势、建设绿色发展综合改革创新区和大花园的客观需要。"市人大常委会相关负责人表示，各级人大及其常委会、各级人民政府，都要认真学习相关法律和文件精神，提高思想认识，切实高度重视全面落实环境报告制度，共同促使全市环境状况更优、环境保护目标完成更好、人民的环境生态幸福感获得感安全感更高。

具体而言，人大常委会工作机构和办事机构要按照要求，密切配合，精心组织，认真实施，做好市人大及其常委会全面落实环境报告制度的服务保障；要指导和督促县（市、区）人大及其常委会全面落实环境报告制度。各县（市、区）人大常委会要结合当地实际，加强组织领导，抓紧研究做好本级人大及其常委会全面落实环境报告制度；要统筹推进乡镇开展环境报告，科学安排落实试点，及时总结经验，指导督促全面推开。各级政府要积极向同级人大及其常委会报告，主动接受监督；上级政府要指导下级政府做好环境报告，县（市、区）环保部门要为乡镇政府报告环境工作提供指导和服务。

　　资料来源：徐小骏、刘列：《我市人大全面落实环境报告制度》，《丽水日报》2018年4月17日，第A02版：丽水新闻。

 经验借鉴

　　浙江省丽水市年度综合性环境报告制度在全市9个县（市、区）人大或常委会实现了全覆盖，在全市29个乡（镇、街道）开展试点。为推动该制度的全面落实，丽水市人大常委会向各县（市、区）人大常委会、市府办发出《全面落实环境状况和环境保护目标完成情况报告制度的实施意见》和《关于审议市人民政府〈丽水市2017年环境状况和环境保护目标完成情况的报告〉的通知》。主要创新性做法有：①自2018年起，审议丽水市综合性环境报告，依法列入市人民代表大会会议议程。市政府以书面形式报告，随同政府工作报告一并审议，代表审议发言提出的意见，统一交由市政府研究处理。②2018年各县（市、区）选取3个以上乡镇开展环境报告试点，并于2019年实现乡镇开展环境报告全覆盖。全面落实环境报告制度是贯彻践行"两山理论"和"尤为如此"嘱托、依法推进环境保护的具体行动，是人大环境保护监督走向系统化、常态化、长效化的重要举措，是丽水市依托和发挥生态优势、建设绿色发展综合改革创新区和大花园的客观需要。

九、一张"绿网"覆盖城乡　财政支农描绘"绿富美"画卷

案例梗概

1. 德清县加快财政支农体制机制改革，建立以绿色生态为导向的农业补贴制度。

2. 将财政支农政策的支持重点和支持方向调整到"保供给、促增收、优生态"上来。

3. 探索重金属污染耕地治理、农业面源污染治理、农业高效节约用水等有效支持

政策。

4.不断加大支农投入力度，持续完善财政支农投入稳定增长机制。

关键词： 政府；调整发展理念；突出绿色生态导向；引导绿色发展；描绘"绿富美"画卷

 案例全文

近年来，德清县加快建设农业两区，大力推进农业现代化建设步伐，以农业供给侧结构性改革试点为契机，加快财政支农体制机制改革，建立以绿色生态为导向的农业补贴制度。一张"绿网"覆盖城乡，"绿富美"的画卷正在德清大地上徐徐铺开。

放眼德清西部山区，茂林修竹、清流激湍，天然氧吧莫干山四季都是景，依托良好的自然生态环境，以"洋家乐"为代表的高端生态休闲旅游新业态蓬勃发展，这得益于德清的生态保护补偿机制，尤其是森林生态效益补偿。德清县林业用地66.5万亩，从2005年起，德清县便开始实施森林生态效益补偿机制。近年来补偿标准大幅提高，资金发放足额到位，2016年全县公益林损失性补助资金、护林人员劳务费分别发放2318.9万元、178.6万元。

在加大生态保护力度的同时，德清县大力发展美丽经济，完善以绿色生态为导向的财政支农政策体系，从制约农业可持续发展的重点领域和关键环节入手，将财政支农政策的支持重点和支持方向调整到"保供给、促增收、优生态"上来，加快推动相关财政支农政策的改革完善，进一步引导农业绿色生态可持续发展。

"政府的导向做得好，不断拉长农业产业链，延伸农业价值和效益，拓展农业生态生活功能，才能享受财政补助，才能让茶场越做越红火。"莫干山镇劳岭村石颐茶场负责人康如忠兴奋地说。近年来，该茶厂抓住莫干山民宿蓬勃发展的有利时机，开展茶叶采摘、炒茶体验、茶艺鉴赏等活动，以茶旅结合促使茶叶企业快速发展，积极打响莫干黄芽名优茶品牌，2016年生产"石颐"牌莫干黄芽等名优茶3.5吨，实现产值305万元。

"来农场，吃新鲜果蔬，体验采摘乐趣，市民享受田园之乐，农场获得可观收入，一举两得。"义远生态农业有限公司负责人陈经理介绍，现在该公司的有机大米价格比普通大米高出很多，却仍然供不应求。

近年来，德清及时调整发展理念，突出绿色生态导向，重视对土地地力的培育、土壤的整治等，强化耕地、草原、林业、湿地等主要生态系统补贴政策，探索重金属污染耕地治理、农业面源污染治理、农业高效节约用水等有效支持政策，把政策目标由以数量增长为主转到数量质量生态并重上来。

钟管镇沈家墩村是美丽精品示范村，过去村民在家门前种蔬菜，如今家家门前"种"风景，美丽庭院月月评比，370余户村民积极参与创建生态小村。"短短一两年，村里的环境变化太大了，就像生活在风景区，每到周末都有很多人过来旅游，连我家开的小店生意都变好了。"村民吴大妈自豪地说。

乾元镇齐星村投资800万元，利用村民闲置的楼房屋顶，安装光伏发电装置，德清县财政提供3年财政贴息专项资金扶持，大大减轻了村民资金压力。村支书算起了致富经："前10年，每户人家每年至少能拿到1000元的收益；后10年里，村集体的成本收回之后，把收入再让利给老百姓，在原来的基础上提高50%，按20年计算下来，每户农民每年的收入可以达到25000元左右。"这对于一个不具备区位优势、收入较为薄弱的村来说是一笔不小的收入。

由此，德清县财政部门把"三农"工作作为支持重点，不断加大支农投入力度，持续完善财政支农投入稳定增长机制，加大财政支农体制机制改革力度，切实提高了财政支农资金使用效益，有效发挥了财政对农业农村发展的保障作用。

资料来源：陈小松、沈宇真：《德清财政支农描绘"绿富美"画卷》，《浙江日报》2017年11月10日，第19版。

 经验借鉴

德清县及时调整发展理念，突出绿色生态导向，重视对土地地力的培育、土壤的整治等，强化耕地、草原、林业、湿地等主要生态系统补贴政策，探索重金属污染耕地治理、农业面源污染治理、农业高效节约用水等有效支持政策，把政策目标由以数量增长为主转到数量质量生态并重上来。主要经验有：①建立生态保护补偿机制，尤其是森林生态效益补偿，补偿标准大幅提高，资金发放足额到位；②发展美丽经济，完善以绿色生态为导向的财政支农政策体系，以拉长农业产业链，延伸农业价值和效益，拓展农业生态生活功能为基础，推动相关财政支农政策的改革完善，建立以绿色生态为导向的农业补贴制度；③发挥区位优势，建立美丽精品示范村，美丽庭院月月评比，引导村民积极参与创建生态小村；④对不具备区位优势、收入较为薄弱的村，进行专项资金扶持，减轻村民资金压力。总之，德清县财政部门把"三农"工作作为支持重点，不断加大支农投入力度，持续完善财政支农投入稳定增长机制，加大财政支农体制机制改革力度，切实提高了财政支农资金使用效益，有效发挥了财政对农业农村发展的保障作用。

十、试点领导干部自然资源资产离任审计

 案例梗概

1. 湖州市试点实行领导干部自然资源资产离任审计。
2. 《关于开展自然资源资产负债表编制和领导干部自然资源资产离任审计试点的实施意见》的三大任务。
3. 《全面推开编制自然资源资产负债表工作方案》的五项重点工作。
4. 《湖州市领导干部自然资源资产离任审计实施办法（试行）》全面规范湖州市领导干部自然资源资产审计工作。

关键词：政府；编制自然资源资产负债表；开展领导干部自然资源资产离任审计

 案例全文

2016年3月9日，浙江省湖州市委、湖州市人民政府印发了《关于开展自然资源资产负债表编制和领导干部自然资源资产离任审计试点的实施意见》

（以下简称《实施意见》），试点实行领导干部自然资源资产离任审计，审计干部任职前后包括自然资源及生态环境质量变化状况。

据了解，湖州市是全国 5 个开展自然资源资产负债表编制试点和领导干部自然资源资产离任审计试点地区之一。通过试点，扎实有效地推动领导干部切实履行自然资源资产管理和生态环境保护责任，并形成可复制、可推广的经验。

根据《实施意见》，试点工作主要有三项任务：一是编制自然资源资产负债表，编制的年限是 2011 年以来 5 个公历年度自然资源实物存量、变动情况和价值量的资产负债表，县区的编制内容主要包括土地资源、林木资源、水资源的实物量和价值量，其中土地资源资产负债表主要包括耕地、林地、园地等土地利用情况，耕地等级分布及其变化情况。乡镇编制内容主要包括土地资源、林木资源、矿山生态修复、生态环境质量指标的实物量和价值量。二是开展领导干部自然资源资产离任审计，市级主要是审计县区党政主要负责人，内容主要是领导干部任职前后所在地区的自然资源资产实物量及生态环境质量变化状况；县区主要是审计重点乡镇党政主要负责人。三是制定资产负债表编制和离任审计制度，形成一套务实管用、可操作、可推广的报表编制方法和审计办法。

《实施意见》明确在 2016 年底前完成试点任务，同时接受审核评估；向国家审计署上报试点工作总结；并提出进一步完善这项制度的意见建议。为保障试点顺利进行，湖州市成立了由市委、市政府主要领导任组长，市委、市政府分管领导任副组长，市委办公室、市政府办公室、市国土资源局等部门主要负责人为成员的领导小组，加强对试点工作的组织领导和统筹协调。

2018 年 6 月 15 日，湖州市政府印发《全面推开编制自然资源资产负债表工作方案》（以下简称《方案》），在总结编制自然资源资产负债表国家试点经验基础上，进一步推进全市自然资源资产负债表编制工作，为制定完善生态文明绩效评价考核和责任追究制度夯实基础。

通过两年的试点，该市已编制完成 2011~2015 年自然资源实物存量、变动情况和价值量的资产负债表，并积极开展领导干部自然资源资产离任审计试点工作，制定出台了《湖州市自然资源资产保护与利用绩效考核评价暂行办法》等。

根据《方案》，接下来湖州市将重点抓好五项工作：一是建立跨学科的专家团队和跨部门的工作平台，为全面开展自然资源资产负债表编制工作提供技术支撑；二是建立健全科学规范的自然资源统计调查和监测制度并组织实施，形成基础数据库；三是配合上级部门制定和实施自然资源资产负债表编制制度，不断完善土地、林木、水及矿产等自然资源资产核算方法；四是按年度编制全市及各县区自然资源实物量资产负债表；五是积极探索编制土地、林木、水及矿产等自然资源资产价值量核算方法。《方案》明确：2018 年起，湖州市将编制当年前推 2 个年度的全市及各县区自然资源实物量资产负债表（即 2018 年编制 2016 年度全市自然资源实物量资产负债表），以后逐年以此类推，每年 9 月底前完成编制工作。从 2022 年开始，探索编制全市及各县区自然资源价值量资产负债表。

2019 年 12 月，湖州市委办公室、市政府办公室印发《湖州市领导干部自然资源资产离任审计实施办法（试行）》（以下简称《实施办法》），全面规范湖州市领导干部自然资源资产审计工作。

《实施办法》包括审计组织管理、审计重点内容、审计评价及结果运用等 7 个方面 32 条内容，对全市领导干部自然资源资产离任审计工作进行了详细的规定：明确了自然资源资产离任审计以土、水、大气、林、田、湿地等自然资源的管理开发与生态环境保护为主要载体，区县、乡镇党政主要领导干部及承担自然资源资产管理和生态环境保护工作部门的主要领导干部为被审计对象；将贯彻落实中央和省、市党委政府及上级主管部门关于生态文明建设的重大决策部署情况、遵守自然资源资产管理和生态环境保护法律法规情况等七个方面作为审计内容及审计重点；要求按照"三个区分开来"的原则，分好、较好、一般、较差、差 5 个等次客观评价被审计领导干部履行责任情况，并详细阐释了每个等次评价的具体依据和标准。

《实施办法》结合湖州自然资源资产禀赋和功能定位，紧扣当好践行"绿水青山就是金山银山"理念样板地、模范生的重大使命，在全面贯彻上级精神和要求的基础上，做出了更进一步的具体规定，如明确市、区县每年至少安排一个自然资源资产离任审计项目；强调贯彻绿色审计理念，注重与经济责任、政策跟踪及相关专项审计统筹；明确以生态文明建设目标任务和"湖州市绿色发展指标"为重点开展审计，将"多规合一"及信息系统审计纳入审计内容；突出地理信息技术方法在审计过程中的应用，要求进一步研究细化审计评价标准，探索建立定性评价与定量评价相结合的审计评价指标体系等。

　　资料来源：项江鸿：《浙江湖州试点领导干部自然资源资产离任审计》，《中国国土资源报》2016年3月28日，第004版：市县；佚名：《浙江湖州全面推进自然资源资产负债表编制》，《中国自然资源报》2018年7月2日；湖州市审计局网站：http：//hzssjj.huzhou.gov.cn/sjzx/sjxx/20200106/i2598177.html，2020年1月6日。

 经验借鉴

　　湖州作为全国第5个开展自然资源资产负债表编制试点和领导干部自然资源资产离任审计试点的地区，主要任务和做法包含：①编制自然资源资产负债表。②开展县区、乡镇党政主要负责人自然资源资产离任审计。③制定资产负债表编制和离任审计制度。继2018年《全面推开编制自然资源资产负债表工作方案》和2019年《湖州市领导干部自然资源资产离任审计实施办法（试行）》出台，湖州的试点工作稳步进行，形成一套务实管用、可操作、可推广的报表编制方法和审计办法。其意义在于：为领导干部自然资源资产离任审计和生态环境保护责任追究提供依据，从制度上扭转和校正"唯GDP"的发展观、导向观和政绩观。

十一、生态补偿　可持续发展的迫切要求

 案例梗概

　　1. 钱塘江流域生态补偿机制的三大做法。

　　2. 杭州市生态补偿机制的四大做法。

　　3. 德清县生态补偿机制的五大做法。

　　关键词：政府；省份生态补偿；制度创新；安置生态产品

案例全文

钱塘江流域生态补偿机制

钱塘江流域是浙江省实施生态补偿机制的试点之一，以通过生态补偿机制的建立改善钱塘江流域水源涵养功能，加强污染防治，特别是工业污染和生活污染治理。其主要做法是，其一，确定钱塘江流域水源涵养的重要区域，并结合水质功能区划确定各行政辖区的水质标准，同时，在全流域范围内建立行政辖区出入境水质自动监测系统，监测数据直接报省环保部门；其二，生态补偿机制的主要标准和依据是流域内不同断面的水质标准，建立一套环境绩效考核指标体系，对各级政府进行检查和考核，以环境监测数据为依据，以群众满意为目标，并将考核结果作为流域内各区域生态补偿的重要依据；其三，生态补偿的专项资金一方面来源于原有与生态建设和环境保护相关的专项资金，使用中强调生态补偿的原则，另一方面是政府财政新增资金；此外，生态补偿专项资金主要用于环境综合整治和生态建设项目，由政府主导实施。目前，钱塘江流域生态补偿的具体管理办法正在讨论之中，并将于今年内出台实施。钱塘江流域生态补偿机制试点成功的经验，将为省内其他七大流域树立样板。

杭州市生态补偿机制

确定明确的补偿政策。2005年5月，杭州市委办公厅和市政府办公厅下发了《关于建立健全生态补偿机制的若干意见》（以下简称《意见》），明确了生态补偿机制的基本内涵和基本原则，同时提出要建立健全生态补偿的公共财政制度，明确生态补偿标准，制定生态补偿的产业扶持政策，建立生态补偿、环境管理制度及生态补偿的市场化机制，逐步建立责权统一的生态补偿行政责任制度的要求。

整合现有财政补助资金。杭州为建立生态补偿专项资金，整合现有市级财政转移支付和补助资金。在资金安排使用过程中，各部门按原资金使用渠道，明确对欠发达地区流域生态环境保护项目的倾斜性扶持，结合年度环境

保护和生态建设目标责任制考核结果安排项目。从 2005 年起，市财政在原有
10 项生态补偿政策方面已安排 1.5 亿元资金的基础上，再新增 5000 万元，使
专项资金规模达到 2 亿元。杭州市财政局还出台了《杭州市生态补偿专项资
金管理办法》，明确规定了专项资金的来源、投资重点、分配使用原则和专项
资金的使用范围等内容。

明确补偿重点领域。杭州的生态补偿重点领域，如市区大气环境污染综
合整治；钱塘江、太湖流域（苕溪、运河水系）水环境整治以及七个环境重
点监管区域和八大重点行业污染整治为主要内容的"1278"工程，大力推进以
"1250"生态示范工程、"百村示范、千村整治"和"生态公益林建设"等，并
在流域交接断面加强水质自动监测系统建设和重点污染源自动监测（控）系统
建设。

建立补偿行政责任机制。杭州市还通过建立地区领导干部政绩考核机制
来具体落实和推动生态补偿机制的实施。《意见》指出，要建立生态补偿的行
政激励机制，积极启动绿色 GDP 国民经济核算研究，将万元 GDP 能耗、万
元 GDP 水耗、万元 GDP 排污强度、交接断面水质达标率和群众满意度等指
标纳入领导干部政绩考核的指标体系。

制定补偿产业发展政策。杭州市还在生态补偿财政补助的基础上制定了
促进地方产业发展的相关扶持政策。对市区搬迁的工业企业优先考虑在市域
周边县（市）安排落户，并在有关税收分成、排污指标分配等方面给予政策
优惠。实施财政和税收分类管理政策。对江河源头区、饮用水源涵养地区、
自然保护区、森林和生物多样性保护地区等的欠发达乡镇实施税收减免，同
时实行基本财政保障制度和生态保护财政专项补助政策。

德清县生态补偿机制

德清县在浙江省最早出台了有关生态补偿的政策文件，其主要经验包括
以下几个方面：制定相关政策措施。德清西部地区是全县主要河流的源头和
重要的水源涵养区，也是生态林的集中分布区。县政府于 2005 年 2 月正式实
施《关于建立西部乡镇生态补偿机制的实施意见》（以下简称《实施意见》），
对生态补偿机制的原则、生态补偿的范围、生态补偿资金的筹措、生态补偿
资金的使用等做了明确规定；德清县生态建设领导小组办公室还下发了《关

于印发德清县西部乡镇生态补偿资金缴纳和使用管理办法的通知》。上述两项政策性文件的出台，为德清县建立和实施生态补偿机制奠定了坚实的基础，增强了生态补偿政策的可操作性。

明确资金渠道和使用方向。按照《实施意见》的要求，德清县从6个渠道筹措，进行专户管理。生态补偿资金主要包括县财政每年在预算内资金安排100万元；从全县水资源费中提取10%；在对河口水库原水资源费中新增0.1元／吨；从每年土地出让金县得部分中提取1%；从每年排污费中提取10%；从每年农业发展基金中提取5%。2005年，共筹措生态补偿资金1000万元。生态补偿资金的使用范围主要包括：生态公益林的补偿和管护；以日常生活垃圾处理为主的环境保护投入；西部地区环境保护基础设施建设；对河口水源的保护；因保护西部环境而关闭或外迁企业的补偿；其他经县政府批准的用于西部生态环境保护事业的补偿。

建立乡镇财政保障制度。德清县建立的西部乡镇财政基本保障制度。首先，针对由于中央税收改革带来西部乡镇财政收入减少的现状，县财政通过转移支付补足。其次，针对西部乡镇在保护生态环境方面所做的牺牲，县财政增加生态保护补偿预算资金，列入每年度财政预算，使西部乡镇工作人员的工资达到全县乡镇平均水平。

建立矿山生态环境治理备用金制度。2000年10月起实施的《浙江省矿产资源管理条例》，确立了矿山生态环境治理备用金制度。规定采矿人应当在领取采矿证的同时与国土资源部门签订矿山生态环境治理责任书，并分期交纳治理备用金，治理备用金应当不低于治理费用。2001~2003年，浙江省政府和省政府办公厅又先后下发了《浙江省人民政府关于矿山生态环境治理备用金收取管理办法的通知》《浙江省人民政府办公厅关于矿山生态环境治理备用金收取管理办法有关问题的通知》《浙江省人民政府办公厅关于切实加强矿山生态环境保护与治理工作的通知》。上述有关文件的出台，使矿产资源开发的生态补偿机制不断规范化。

明确原则和标准。一是对新开矿山，坚持"谁开发、谁保护，谁破坏、谁治理"和"确保不欠新账"的原则。目前备用金大部分是按照每立方米6~8元的标准收取，浙江省到2005年已累计收取矿山生态环境治理备用金2.99亿元，征收面达到100%。二是对废弃矿山的生态环境治理问题，坚持以下两项原则：第一，对于受益者明确的废弃矿山，建立了"谁得益，谁治理"的机制，解决了这部分废弃矿山的整治和复绿问题；第二，对已找不到收益人的废弃矿山，由政府来组织治理。其治理资金主要来源于省、市、县（市、区）采矿权出让所得的部分资金、矿山生态环境治理的新增土地收费中的部分资金、政府有关部门的涉矿行政事业收益中的部分资金和同级财政补贴的资金。

落实责任和统筹规划。浙江省将是否实现矿产开发与环境保护相协调作为考核政府的重要内容，将矿山生态环境保护与治理工作内容纳入国土资源管理目标责任书中，建立了市、县（区）政府对本辖区矿山生态环境建设负总责的责任制。

资料来源：佚名：《生态补偿：可持续发展的迫切要求》，《中国环境报》2006年6月28日，第004版。

 经验借鉴

2005年8月，浙江省政府下发了《关于进一步完善生态补偿机制的若干意见》，确立了浙江省建立生态补偿机制的基本原则，即"受益补偿、损害赔偿；统筹协调、共同发展；循序渐进、先易后难；多方并举、合理推进"原则，同时提出了开展生态补偿的主要途径和措施。在实践的过程中，杭州的生态补偿机制如下：①整合现有财政补助资金，为建立生态补偿专项资金，整合现有市级财政转移支付和补助资金。②明确补偿重点领域，建立补偿行政责任机制。杭州市还通过建立地区领导干部政绩考核机制来具体落实和推动生态补偿机制的实施。③制定补偿产业发展政策。杭州市还在生态补偿财政补助的基础上制定了促进地方产业发展的相关扶持政策。德清县生态补偿机制如下：①明确资金渠道和使用方向。②建立乡镇财政保障制度。③建立矿山生态环境治理备用金制度。④明确原则和标准。⑤落实责任和统筹规划。此外，钱塘江流域是浙江省实施生态补偿机制的试点之一，确定各行政辖区的水质标准，根据水质标准，建立一套环境绩效考核指标体系，并将考核结果作为流域内各区域生态补偿的重要依据。

十二、淘汰落后产能　财税助力做好山水文章

 案例梗概

1. 湖州市财政地税局打出"建立生态补偿""淘汰落后产能""加大财政投入"等系列组合拳。
2. 湖州市财政局就设立了老虎潭水库水源地生态保护专项资金，市财政累计投入水源地生态保护专项资金 7100 余万元。
3. 不断加大投入，助力建设美丽村庄，市级财政投入"美丽乡村"建设资金就达到4.5 亿元。
4. 提出加大对新能源汽车产业等新兴产业的扶持，助力企业转型升级。

关键词：政府；增大投入；建立生态补偿；淘汰落后产能；改善生态环境

 案例全文

　　生态是湖州最亮丽的发展底色。近年来，湖州市财政地税局在五大发展理念的引领下全力助推绿色发展，打出"建立生态补偿""淘汰落后产能""加大财政投入"等系列组合拳，积极探索生态美、产业兴、百姓富的可持续发展道路。

　　"这几年政府很重视，周边的养殖场都关闭了，水库的水是越来越清了。"湖州老虎潭水库周边的居民感慨，守着这一方碧水，每到节假日，农家乐便迎来众多的游客，日子也是越过越红火。老虎潭水库是湖州城市供水主要的水源地之一。早在 2013 年，湖州市财政局就设立了老虎潭水库水源地生态保护专项资金。5 年下来，市财政累计投入水源地生态保护专项资金 7100 余万元，用于在老虎潭水库周边关闭畜禽养殖场、调整农业种植经营方式、开展小型生态工程建设等。

"污染容易治理难，对水源地的保护，再大的投入、再严的政策也不为过。"湖州市财政地税局相关负责人表示。近年来，该局对水源地和生态公益林出台了保护补偿政策，除此之外，还就耕地保护补偿、集镇生活污水管网建设、屋顶光伏发电补贴等制定了具体财政补贴政策，为绿色生态保驾护航。

近年来，湖州财政不断加大投入，助力建设一个个美丽村庄。德清县洛舍镇东衡村就是在废弃矿坑上建起的花园式村庄。每到傍晚时分，村子中间那座绿荫如盖的山头上，数以千计的白鹭陆续返巢，在枝头嬉闹。与此相隔不到 100 米的地方，是在废弃矿坑上新建的村委办公楼、健身广场、农贸市场和能容纳 300 多户居民的联排别墅等，组成了富有时代特色的乡村美景。

十几年前，东衡村是远近闻名的石材生产基地。来来往往的重型运输车辆扬起的粉尘，弥漫在空气中难以散去；裹挟着泥浆的污浊之水横流。为了改变日益恶化的环境，2015~2017 年地方财政累计投入 1.27 亿元整治环境，东衡村向着"生态宜居"完成了美丽转变。与此同时，以"钢琴小镇"为功能定位的千亩产业园，也正从这里迈向新的征程。

近年来，湖州坚持把改善生态环境作为生态文明建设的重要基础，"十二五"规划期间，仅市级财政投入"美丽乡村"建设资金就达到 4.5 亿元。通过一系列有效载体和有力抓手，城乡生态环境日益改善让老百姓获得满满的幸福感。

与此同时，湖州加大了淘汰落后产能的力度，以"中国制造 2025"试点示范城市为契机，湖州市在《关于湖州市推进"中国制造 2025"试点示范城市建设的若干意见》中明确提出加大对新能源汽车产业等新兴产业的扶持，助力企业转型升级。

"公司这些成就的取得跟财税部门一直以来的大力支持是分不开的，今年以来，财税部门就多次指导我们防范和规避涉税财务风险，为公司省下 2000 多万元，投入到绿色产能建设中。"微宏动力系统（湖州）有限公司的财务总监杭铁根感慨。微宏动力坐落于湖州经济开发区内，先后获得中国锂电产业十大最具潜力企业、优秀新能源汽车解决方案供应商等荣誉。"围绕生态文明倒逼产业转型升级，淘汰落后产能，才能加快转变经济发展方式，培育现代生态产业体系。"湖州市财政地税局相关负责人表示。

资料来源：杨斌英、朱晨龙：《湖州财税助力做好山水文章》,《浙江日报》2017 年 11 月 10 日，第 19 版。

经验借鉴

近年来，湖州市财政地税局在五大发展理念的引领下全力助推绿色发展，打出"建立生态补偿""淘汰落后产能""加大财政投入"等系列组合拳，积极探索生态美、产业兴、百姓富的可持续发展道路。主要经验有：①加大对生态保护专项资金的投入，对水源地和生态公益林出台了保护补偿政策。除此之外，还就耕地保护补偿、集镇生活污水管网建设、屋顶光伏发电补贴等制定了具体财政补贴政策，为绿色生态保驾护航。②建设美丽村庄，因地制宜，建立富有时代特色的乡村美景。③加大淘汰落后产能的力度，湖州市在《关于湖州市推进"中国制造2025"试点示范城市建设的若干意见》中明确提出加大对新能源汽车产业等新兴产业的扶持，助力企业转型升级。

十三、自然资源资产离任审计试点全覆盖

 案例梗概

1. 湖州市已成功对36名党政主要领导干部开展了自然资源资产离任审计，试点覆盖全市三县两区所有乡镇。

2. 安吉县以试点乡镇主要领导干部为审计对象，重点关注生态环境、资源利用等群众最关注的领域，审计时间跨度为3年。

3. 湖州市还积极探索地理信息技术的运用，了解自然资源资产和生态环境的变化情况。

4. 各职能部门相互配合，跨部门成立审计组，专业的评价指标由各职能部门负责提供，提高审计效率。

5. 因地制宜，建立审计试点评价指标体系，确定三大类20项具有代表性的指标。

关键词：离任审计；生态环境；资源利用；生态履职责任审计制度

 案例全文

从 2018 年起，领导干部自然资源资产离任审计由试点阶段进入全面推开阶段。审计新规落地，标志着一项全新的、经常性的审计制度正式建立。

其实，从 2015 年开始，浙江省湖州市安吉县就率先试行乡镇领导干部生态责任审计。截至目前，湖州市已成功对 36 名党政主要领导干部开展了自然资源资产离任审计，试点覆盖全市三县两区所有乡镇，为守住青山绿水撑起一把"保护伞"。

从生态视角审视决策行为

安吉县鄣吴镇是全国最大的竹扇出产地，也是日本、韩国最大的竹扇供应区。早前，当地制扇行业以粗放型的姿态存在了多年，企业污水经过简单沉淀就直接向外排放。

2015 年，安吉县成为全国最早开展领导干部自然资源资产离任审计的试点地区之一。试点期间，安吉县以试点乡镇主要领导干部为审计对象，重点关注生态环境、资源利用等群众最关注的领域，审计时间跨度为 3 年。作为首批试点乡镇之一，鄣吴镇的领导干部心里开始多了一杆秤。就是在这一年，鄣吴镇投资 800 多万元，建成污水集中处理厂区，制扇行业污水处理问题得到有效解决。

"生态审计要求我们必须从生态视角审视自己的决策行为，重新度量走什么样的发展路径。"时任鄣吴镇镇长的陈小龙说，"这场考试是领导干部的必考科目，还必须拿高分。"

"我在离任章村镇党委书记前收到了审计报告，客观反映了我在任期间全镇自然资源保护、生态建设等情况。"安吉县孝丰镇党委书记戎露波说，"生态履职责任审计制度时刻提醒我，在工作中要坚持绿色发展理念，促进自然资源资产节约集约利用和生态环境安全"。

生态环境的底线不能逾越，绿水青山也是政绩。"环境账"，同时也成为官员选拔任用的重要参考。

在鄣吴镇的任期内，陈小龙不仅推动全镇污水集中处理，农村垃圾分类、

推广餐厨垃圾资源化利用等多项经验还获得了当地百姓的好评，在自然资源资产离任审计中被考评为"好"。由于工作上的突出表现，陈小龙转任梅溪镇党委书记。

截至 2018 年 1 月，安吉县所涉审计的 18 位乡镇主要领导中，鄣吴镇原党委书记陈旭华因离职审计考评为"好"，被提任安吉县委常委，另有 3 人转任重要部门"一把手"；也有乡镇的原党委书记被降职处理。

多部门联动算好"生态账"，高科技助力审计效率提升

"所有数据正常，可以起飞。"近日，在湖州市德清县雷甸镇通航小镇内的一处空地上，一架无人机急速地从简易轨道驶向天空。

通过两小时的巡航，审计人员就摸清了德清县双溪村 6 平方千米内基本农田保护、通航小镇工业园区河道有无偷排漏排、东大港水域环境卫生等情况。

"无人机航拍的高清画面配合传统的台账查看，发现问题可以第一时间到达现场确认，原先长达一个多月的审计时间可以缩短为两天，工作效率和准确度都能大大提升。"德清县审计局经济责任审计科负责人介绍。

据悉，湖州市还积极探索地理信息技术的运用。自然资源资产和生态环境的变化情况，在这些现代高科技下一目了然。

湖州市各职能部门还相互配合，跨部门成立了审计组，一些专业的评价指标由各职能部门负责提供，提高了审计的效率。在 2016 年对孝丰镇的生态审计中，林业等职能部门先取得了该镇的资源数据，通过叠加比对，发现某段在修的道路旁，卫星影像没有树，而林地征占用审批台账上也没有记录。于是，审计人员逐一到现场核实，发现孝丰镇某企业确实存在违规占用林地面积的情况。

湖州市审计局采取购买服务和征询专家意见等方式，与市测绘院建立长期合作机制，并与国土局、环保局等各职能部门建立协作配合机制，通过借助专业机构、人员的技术和成果，保证审计结果的准确性、权威性和公信力。

确定三大类 20 项指标，以量化指数为基础进行分等级评价

2017 年，湖州市审计局统一组织三县两区审计局共对 6 个乡镇（街道、

（区）开展了领导干部自然资源资产离任审计，所有试点审计项目均已在年内按时完成。

湖州市因地制宜，建立审计试点评价指标体系，确定三大类20项具有代表性的指标，以量化指数为基础进行分等级评价。其中，森林覆盖率、水质达标率等资源保护方面的指标占权重50%，PM2.5浓度、公众满意度等生态环境方面的指标占30%，单位非农用水 GDP 等资源利用方面的指标占20%。

在湖州市本级的评价体系之下，各地也根据地方特色做出了相应调整。例如，安吉就将美丽乡村创建、地质灾害点治理等生态文明建设方面的专项行动落实情况纳入审计内容之中。

同时，湖州市在全省率先出台《湖州市领导干部自然资源资产离任审计（暂行办法）》，并相继制定出台了湿地保护管理、土壤污染防治、自然资源资产负债表编制数据管理等15个规范性文件，以及《湖州市自然资源资产保护与利用绩效考核评价暂行办法》和《湖州市党政领导干部生态环境损害责任追究实施办法（试行）》。

离任审计虽然在试点过程中已取得了不少成效，但也存在诸多难题。

"因为空气、水质等资源环境问题的潜伏性、长期性，在较短时间内，很难判断其现状成因。比如，森林资源数据问题，目前国家规定10年普查一次，而生态审计则对比的是前后3年的数据，难以准确核实林木变动数据及存量。"湖州市审计局农业与资源环境审计处负责人坦言。

此外，乡镇出现生态环境损害问题，尽管与属地干部履职行为有一定关联，但大多数是日常监管不到位，而对问题查处的执法权却在相应的职能部门。这些难点还有待通过完善资产负债表，推动生态审计科学化、常态化来解决。

"我们将创新技术方法、深化审计内容、完善评价体系，实现离任审计的常态化、规范化开展。"湖州市审计局负责人介绍，接下来，湖州将探索建立大数据下的审计模式，进一步推动审计成果的运用，促进领导干部践行新发展理念。

资料来源：孙莉、王雯、晏利扬：《"这是必考科目，还必须拿高分"湖州自然资源资产离任审计试点覆盖全市三县两区所有乡镇》，《中国环境报》2018年1月24日，第1版。

经验借鉴

　　生态审计要求领导干部必须从生态视角审视自己的决策行为，重新度量走什么样的发展路径，同时也成为官员选拔任用的重要参考。生态环境的底线不能逾越，绿水青山也是政绩。湖州市开展领导干部自然资源资产离任审计的主要经验有：①多部门联动算好"生态账"，高科技助力审计效率提升。湖州市各职能部门还相互配合，跨部门成立了审计组，一些专业的评价指标由各职能部门负责提供，提高了审计的效率，湖州市还积极探索地理信息技术的运用。自然资源资产和生态环境的变化情况在这些现代高科技下一目了然。②确定三大类20项指标，以量化指数为基础进行分等级评价。湖州市因地制宜，建立审计试点评价指标体系，确定三大类20项具有代表性的指标，以量化指数为基础进行分等级评价，而且各地可根据地方特色做出相应调整。③出台政策，规范文件。湖州市在全省率先出台《湖州市领导干部自然资源资产离任审计（暂行办法）》，并相继制定出台了湿地保护管理、土壤污染防治、自然资源资产负债表编制数据管理等15个规范性文件，以及《湖州市自然资源资产保护与利用绩效考核评价暂行办法》和《湖州市党政领导干部生态环境损害责任追究实施办法（试行）》。总之，湖州创新技术方法、深化审计内容、完善评价体系，为实现离任审计的常态化、规范化开展奠定基础。湖州将探索建立大数据下的审计模式，进一步推动审计成果的运用，促进领导干部践行新发展理念。

十四、给乡镇套上"绿色紧箍咒"

案例梗概

1. 柯桥是全省第一个探索环保主体责任向基层延伸的地区，此举为解决环保监管"最后一公里"问题上了一道"双保险"。

2. 柯桥全区300多家重点企业与环保局99名工作人员"结对"，平均每个人负责3家至4家企业，每月至少巡查一次。

3. 一旦出现需要追究责任的情况，乡镇负责人当年考核评优和各类先进评选将一票否决。

4. 给乡镇负责人套上了"绿色紧箍咒"，也让他们在当地的发展问题上看得更远、考虑得更多。

关键词：柯桥；责任制；监督

 案例全文

2017 年 5 月，《柯桥区党政领导干部生态环境损害责任追究实施办法》正式出台。作为全省第一个探索环保主体责任向基层延伸的地区，柯桥此举为解决环保监管"最后一公里"问题上了一道"双保险"。

2017 年初，绍兴市柯桥区就出台专项文件，将环境保护工作职责详细分解到辖区内各乡镇街道和部门，规定"各镇人民政府对辖区内环境保护工作及环境质量负总责"。一石激起千层浪，这意味着乡镇要对辖区范围内的环保工作一管到底。

环保主体责任向基层延伸，这是浙江省在生态体制创新上的又一探索。

环保松手脚 执法抓重点 服务更到位

"改革最直接的成效，就是破解了部门之间的协调难题，由乡镇牵头，农办等部门参与环保联合执法。特别是乡镇，开始从被动参与变成了主动负责。"柯桥区环保局长张国生说。

"环保局是不是'解脱'了？"文件出台后，这样的声音，张国生听到不少。在有些人看来，文件中一句"乡镇街道对辖区内环境保护工作及环境质量负总责"，犹如一道金牌豁免令，让环保局可以高枕无忧地当"甩手掌柜"。事实正好相反，环保局的工作人员觉得，"比以前更忙了"。

2017 年 3 月起，柯桥环保发起一场"地毯式"集中督查，局党工委副书记严玉兰正是此次督查的负责人。她说："有时半天时间下来，手机显示已走了上万步！"一周排查一个乡镇，工作人员从周一清晨出发，循着地图一路排摸，一直到周五才收兵。周末更要加班加点，对问题进行梳理汇总，及时反馈给乡镇整改。

在严玉兰看来，改革以后，环保部门的角色已然发生改变，"过去环保执法最大的问题是人员不足，往往几个人就要管上千家企业"。人少事多的尴尬局面，让环保部门难以"沉下心聚齐力"，每天都像在打"游击"，一接到举报就要火速赶往现场。更多时候则是疲于应对各类举报电话，完全被"牵着鼻子走"。

环保主体责任向基层延伸后，环保部门可以更科学地进行规划，抽出手脚做更专业的事。"精细地排摸，就是为了帮助乡镇理清环保家底。"严玉兰说，排摸收获匪浅，完成排摸的 4 个镇，共发现问题 228 个，其中移送公安部门 4 起，6 人被刑事拘留。

如今，柯桥全区 300 多家重点企业与环保局 99 名工作人员"结对"，平均每个人负责 3~4 家企业，每月至少巡查一次，确保厂区内环保设施正常运转、污染物达标排放。"专业力量解放出来后，可以抓住重点，发挥环保监管的作用，这才是效能最大化。"张国生说。

5 月 4 日，"地毯式"集中督查查到一家乡镇印花企业，厂里的废气处理设备已经生锈，蒙着厚厚一层灰。从 2014 年建厂至今，这些设备竟然一次也没有清洗过。"环保设备沦为摆设"，这是环保执法人员经常发现的问题，有些企业主并非故意不用，只是对环保设施的运营和维护一无所知。"结对"之后，环保部门为企业提供专业服务的能力也大大增强。

乡镇转态　求情的没了　"催债"的多了

专项文件出台后的 4 个多月里，张国生的电话冷清了很多，"一个求情电话也没有接到过"。过去辖区范围内的企业被环保查出了问题，总有乡镇干部打电话说情。做过乡镇党委书记的张国生熟悉基层的"人情世故"，但也深深忧虑，被查到的要来打"人情牌"，那平日里没查到的，乡镇是不是会"睁一只眼闭一只眼"？如今，张国生接到的求情电话没了，却多了很多"催债"电话。

2017 年 4 月中旬，区环保局刚结束对安昌镇的"地毯式"排摸，共发现问题 64 个。还来不及过个悠闲的周末，张国生就接到了安昌镇党委书记孙伟刚的电话："这周查到的问题梳理完了吗？能不能早点反馈？我们也好早点动手整改。"乡镇的催促，让张国生觉得新鲜，"角色"转换之快，让他反倒有点不适应。

转变并非凭空而来。2017年以来，柯桥水质、空气质量排名最末的3个乡镇，会收到一份通知单。这份通报全区的通知单，让乡镇领导"如履薄冰"。榜上有名的乡镇难对老百姓有交代，甚至有老百姓指着乡镇负责人质问：为什么隔壁镇能管得好环境，你们却不行？

安昌镇因空气质量屡屡上榜，乡镇主要负责人"焦虑得睡都睡不安稳"。于是，镇里针对通知单回应了千余字的整改说明书，分析了自己辖区内空气质量持续掉尾的原因以及采取的应对措施，恳请环保局做出指导纠正，帮助当地提高空气质量。

这份不过薄薄两页纸的说明书，用词也不专业，却让环保局工作人员都动容了："推着"乡镇管环境的日子，真的过去了。

改革添动力　环保总领队　各方齐动员

"改革带来压力，也带来动力。"一位乡镇党委书记直言，将乡镇与环保捆在一起，把生态建设与领导"帽子"连在一起，让乡镇自觉绷紧了环境保护这根弦，起到了"1+1>2"的放大效果。

根据规定，一旦出现需要追究责任的情况，乡镇负责人当年考核评优和各类先进评选将一票否决；造成生态环境和资源严重破坏的责任人，无论是已调离、轮岗、提拔或者退休，都必须严格追责。这些规定，给乡镇负责人套上了"绿色紧箍咒"，也让他们在当地的发展问题上看得更远、考虑得更多。更没想到的是，不少乡镇管起环境来比区环保局更利落。

以印染为支柱产业之一的柯桥，各乡镇都会聚着一批"低小散"企业。长期以来，这些企业偷排漏排屡禁不绝，且擅长与环保部门"躲猫猫"。2017年4月，在钱清镇清风村，环保执法人员顺着一条臭水沟倒查到一处废丝处理集聚点，此处聚集着13家企业，却仅有3家企业有环评报告。令人头痛的是，这些企业当天默契地一律闭门，大门紧锁，将执法人员拒之门外。

过去，遇到企业不开工、不开门，缺少行政强制力的环保执法人员多数只能无功而返。这次，执法人员并没有折回。在钱清镇政府的协调下，当天下午，这13家企业负责人就被召集了起来。镇政府严肃表态，必须配合环保部门检查，否则将对企业进行停水、停电，甚至永久性查封；若主动配合检查，就算不合格也给予一定的整改日期宽限。第二天上午，当环保执法人员再次来到现场时，这13家企业已经早早地敞开大门了，企业负责人也在门口等候。

前后的对比让严玉兰"又气又好笑"。不过，最让她感到欣慰的是"环保在忙、乡镇在看"的局面已经被打破："镇里的思路已经开始转变，开始承担起主体责任，把我们的环保执法当作对他们的有力协助。"

环保领队、各方动员，这正是柯桥此次创新改革的"大环保"理想和目标。如今，这个理想，正在渐渐照进现实。

资料来源：江帆：《给乡镇套上"绿色紧箍咒"》，《浙江日报》2017年5月17日，第00009版。

 经验借鉴

绍兴市柯桥区将环境保护工作职责详细分解到辖区内各乡镇街道和部门，规定"各镇人民政府对辖区内环境保护工作及环境质量负总责"，乡镇要对辖区范围内的环保工作一管到底。环保主体责任向基层延伸，这是浙江省在生态体制创新上的又一探索。主要经验有：①执法抓重点，服务更到位。环保主体责任向基层延伸后，环保部门可以更科学地进行规划，抽出手脚做更专业的事，专业力量解放出来后，可以抓住重点，发挥环保监管的作用，达到效能最大化。②转换角色，发挥地方能动性。打破"环保在忙、乡镇在看"的局面。③"绿色紧箍咒"为改革添动力。一旦出现需要追究责任的情况，乡镇负责人当年考核评优和各类先进评选将一票否决；造成生态环境和资源严重破坏的责任人，无论是否已调离、轮岗、提拔或者退休，都必须严格追责。总之，环保领队、各方动员，这正是柯桥此次创新改革的特色。

本篇总结

2013年以来，国务院取消和下放若干行政审批项目，这是转变政府职能、激发企业活力、促进市场竞争的重要举措，但是，环保部门如何转换监管念，做到简政放权？在赋予企业积极性的同时抑制环境污染，是极大的挑战。浙江在转换监管理念、优化监管职能的同时，加强环境监管的组织体系建设、进行制度创新、完善激励机制、健全责任考评机制，提高环境监管的有效性，在确保经济发展的同时实现环境保护和生态文明建设。

（一）组织体系

在监管格局上，建立"党委领导、政府负责、部门协同、社会参与"的组织体系，"地方政府主导、环保部门统揽、各部门齐抓共管"的监管格局，以及"政府引导激励、社会团体和行业组织、公众参与监督"的社会行动体系。浙江省丽水市在全省率先建立了生态环境保护综合督查长效机制，着力形成"党政同责、一岗双责、权责一致、多方联动"的常态化生态环境保护工作格局。绍兴市柯桥区将环境保护工作职责详细分解到辖区内各乡镇街道和部门，规定"各镇人民政府对辖区内环境保护工作及环境质量负总责"，乡镇要对辖区范围内的环保工作一管到底，环保主体责任向基层延伸，这是浙江在生态体制创新上的又一探索。

（二）监管理念

在监管理念上，树立"妈妈式服务""店小二"意识，提供"保姆式"服务，深化"放管服"改革，深入推进以下三项工作：①互联网＋政务服务。如温州鹿城设置环保服务专员，打造"零跑"服务，推行"送证上门"；台州椒江区环保简化登记表备案流程，实现登记表备案"零上门"，提供"线上＋线下"咨询指导服务；为减少跑动次数，绍兴还通过"政府买单"的形式引入特快专递送达服务，不断扩大"最多跑一次"和"零上门"事项办理范围；绍兴推行容缺受理服务，试行预先审查，符合审查条件可立即受理，建设单位领取许可决定时补齐相应所缺材料。②事中事后监管。绍兴加大对环评承诺备案项目的抽查比例和力度，金华对审批事项加强事中事后监管，实行动态评估机制和后督察机制，及时督促整改，实现审批全程公开，确保权力在阳光下运行。③协同式管理。湖州市环保局还在推动"最多跑一次"由环保系统内向系统外延伸，要求环评单位提高质量、提高效率、提高服务水平。同时，加强环保局内部以及与发改委、工商局等部门信息的打通，进一步提高审批效率。

（三）制度建设

在制度建设上，绍兴启动"区域环评＋环境标准"改革。根据项目建设对环境影响的程度，推行免于环评手续、网上在线备案、降低环评等级、精简环评内容、承诺备案管理、创新环保"三同时"管理 6 项措施。金华市环保部门通过实施"四个一批"简政放权和"5+X"预审联评的"四批一联"审批制度改革，并配套限期办理承诺、跟踪对接服务等多项便民服务措施，发放《环保事项服务单》。浙江省丽水市推出环境报告制度，年度综合性环境报告制度还在全市 9 个县（市、区）人大常委会实现了全覆盖，全市 29 个乡（镇、街道）开展试点。为推动该制度的全面落实，丽水市人大常委会还向各县（市、区）人大常委会、市府办发出《全面落实环境状况和环境保护目标完成情况报告制度的实施意见》和《关于审议市人民政府〈丽水市 2017 年环境状况和环境保护目标完成情况的报告〉的通知》。

（四）激励机制

首先，建立生态保护补偿机制，在德清，尤其是森林生态效益补偿，补偿标准大幅提高，资金发放足额到位；加大对生态保护专项资金的投入，对水源地和生态公益林出台了保护补偿政策。除此之外，还就耕地保护补偿、集镇生活污水管网建设、屋顶光伏发电补贴等制定了具体财政补贴政策。其次，完善以绿色生态为导向的财政支农政策体系，如德清以拉长农业产业链、延伸农业价值和效益，拓展农业生态生活功能为基础，推动相关财政支农政策的改革完善，建立以绿色生态为导向的农业补贴制度。最后，发挥区位优势，德清以美丽乡村建设为载体，建立美丽精品示范村，美丽庭院月月评比，引导村民积极参与创建生态小村。

（五）考核评价机制

首先，"环境账"成为浙江官员选拔任用的重要参考。绍兴柯桥为官员套上"绿色紧箍咒"：一旦出现需要追究责任的情况，乡镇负责人当年考核评优和各类先进评选将一票否决；造成生态环境和资源严重破坏的责任人，无论是否已调离、轮岗、提拔或者退休，都必须严格追责。丽水对党政领导干部违反生态环保相关规定的，依照《丽水市党政领导干部生态环境损害追究实施细则（试行）》的有关规定，严肃追究责任。其次，多部门联动算好"生态账",高科技助力审计效率提升。湖州市利用无人机航拍来辅助传统的台账查看,还积极探索地理信息技术的运用以及大数据下的审计模式,自然资源资产和生态环境的变化情况,在这些现代高科技下一目了然,工作效率和准确度都能大大提升,推动审计成果的运用,促进领导干部践行新发展理念。最后,启用"政府监督 + 社会监督"的模式,"督"在日常,"考"在平时,变年终"考"为过程"考",着力实现每一项工作都能"靠前站、马上办、见实效"。

本篇启发思考题

1. 浙江如何在环境监管领域做到"放管服"改革的? 具体有哪些举措?

2. 浙江的环境监管理念有哪些转变?

3. 浙江对官员的考核评价机制包含哪些方面? 是如何利用科技力量助力考核的?

第二篇

环境监管模式改革

一、试点第三方协助监管　督促企业整改

 案例梗概

1. 湖州市织里镇尝试由政府向专业的环境监理公司购买服务，由其派出专人协助监管。
2. 将环保部门工作人员从繁重的监管任务中解放出来，集中力量有重点、有针对性地进行监管。
3. 对厂区内污染治理设施进行全面核查与评估，为每家企业建立"一厂一档"。
4. 为加强对第三方监理公司监管，织里镇专门制定了考评细则。

关键词：第三方协助监管；考核监理公司；考评细则；环境监理

 案例全文

2018年3月在浙江省湖州市吴兴区织里镇漾西铝合金集聚区，一辆印有"环境监理"字样的车刚开到湖州华利铝业有限公司厂门口，工作人员便热情地打开大门。这是杭州环创环保科技有限公司织里分公司的环境监理工程师侯永亮和同事近期第二次进厂例行检查。

废水处理设施正常运行，但是污泥压滤出水回流至雨水收集池，总排污口未设置规范的标示牌……根据现场检查结果，侯永亮和同事为企业出具了《环境监理工作通知单》。这份通知单同时抄送吴兴区环保局织里分局和织里

镇政府漾西办事处。后续，侯永亮和他的同事将继续跟踪企业的整改情况。

经济发达地区工厂密布，基层环境监管力量有限。在湖州市和吴兴区两级环保部门的大力支持下，织里镇大胆尝试由政府向专业的环境监理公司购买服务，由其派出专人协助监管，收到良好成效。

第三方协助监管剑指何方？有重点、有针对性地进行监管

织里镇是浙江名镇，改革开放初期开始兴办家庭加工作坊，后发展成为全国童装生产和销售中心，一百多平方千米的区域里聚集了40多万人口，有近3万家各类企业。

为什么选择在织里镇试点第三方协助监管？吴兴区生态环境局局长周李说：“主要是为解决基层环境执法人员严重不足的问题。”

吴兴区生态环境局织里分局局长何晔波介绍说，织里分局负责环境监察工作的不足5人，庞大的企业数量和复杂的企业类型，让日常监管任务异常繁重。

漾西是织里镇一个铝合金企业集聚区，之前出现过一些环境问题，通过整治后留下30余家企业。何晔波说，这些企业性质相似，污染物种类也相近，“在这里试点第三方协助监管，如果成功的话，其他类似的产业集聚区或工业园区就可以参照这一模式强化监管”。

对第三方协助监管的效果，何晔波表示比较满意：“目前运行状况还不错。第三方监理公司进驻3个月以来，已经对相关企业巡查了几百次。这样的频次仅靠我们几个执法人员是完全做不到的。”

令何晔波感到满意的还有监理人员的专业性。“他们会采用倒推模式，根据企业用电量、废水和污泥产出量，测算企业是否正常运行污染治理设施，比我们更专业。”

周李也肯定了第三方协助监管的作用：“这种方式将环保部门工作人员从繁重的监管任务中解放出来，集中力量有重点、有针对性地进行监管。”

第三方如何协助监管？驻厂检查，查找违法违规之处

走进杭州环创环保科技有限公司织里分公司办公室，墙上一幅织里镇漾

西主要铝合金企业分布图映入眼帘。地图上标明了每一家铝合金企业的位置，每家企业又分别用红色、绿色、黄色的小图钉标注。

侯永亮表示，不同颜色的图钉代表不同的含义。"插黄色图钉的企业有熔铸炉，会有废气排放；插绿色图钉的企业氧化工艺比较特殊，废水中会含有重金属；插红色图钉的企业有我们巡查过程中发现的环境问题，需要重点关注。"

侯永亮和他的同事都是环境工程专业科班出身，专业知识过硬。来到织里镇的第一个季度，侯永亮和他的同事就按照"三同时"的要求，初步摸排了每家企业的基本情况，对企业相关环保资料进行了全面收集，对厂区内污染治理设施进行全面核查与评估，为每家企业建立"一厂一档"。

每次巡查，侯永亮他们都要填写《漾西铝合金行业第三方环境监理巡查记录表》和《环境监理现场巡查日志》，每月汇总后报吴兴区环保局织里分局备案。

如果发现企业存在问题，监理公司将向企业出具《环境监理工作通知单》，并配上图片，详细说明存在问题，列出整改要求。同时，抄送吴兴区生态环境局织里分局和织里镇政府漾西办事处。下一步，工作人员将督促企业及时整改，待整改完成后再去现场核查。

"当然，这是指那些不会立刻造成环境危害且不是企业有意为之的问题。"侯永亮说，"如果检查过程中我们发现问题比较严重，或者企业有主观恶意违法行为，我们则会保护现场，立即联系执法人员前来取证"。

第三方环境监理人员 2018 年第一季度完成日常巡检 251 厂（次），其中日间巡检 200 厂（次），夜间巡检 51 厂（次）；发出 42 份通知单，其中 24 份通知单提出的问题已整改完毕，18 份通知单上的问题正在整改中。侯永亮并不满意现有的成绩："第一季度主要是熟悉情况，做一些基础性工作，后续的巡查频次肯定要比现在高得多。""有没有出现企业不愿意配合检查工作的情况？""没有。"侯永亮毫不迟疑地回答，"我们不仅有工作服、工作证，车上印有'环境监理'的标识，而且进驻企业之初，织里镇政府和环保部门就召集所有企业负责人和我们一起开会，讲明我们的工作内容和职责。第一次进厂也是环保部门的同志带着我们与企业对接的，所以企业很配合。"

事实上，企业十分欢迎这种形式。湖州宏叶铝业有限公司总经理顾余良表示，第三方协助监管实施后，检查频次明显增加了，检查的内容与环保部

门一样。更加难得的是，"环境监理人员很专业，检查中发现了问题，耐心地
教我们怎么整改"。

既为环保部门服务，又为企业服务，这是杭州环创环保科技有限公司织
里分公司的宗旨。"比如污水处理设施建好后，要靠企业自行运营，工人往往
没有专业技能，如果药量加得不对，或者沉淀时间不够，就会影响处理效果，
我们将针对具体问题对工人进行培训。"侯永亮说，一些企业存在危废堆场管
理或者应急措施不完善问题，监理公司指出后，企业都会及时整改。"大多数
企业还是希望把环保做好的，我们来了，对企业很有帮助。"

谁来约束第三方？环保部门制定考评细则，考核监理公司

购买服务的形式使第三方环境监理公司在一定程度上被赋予了部分类似
执法部门的权力，那么如何对第三方环境监理公司进行有效约束呢？

织里镇政府在招标需求中明确提出，第三方需配备基础的采样装备，严
格按照规定频次完成企业现场巡查，不得走场、不得弄虚作假、不得隐瞒
真实情况。第三方监理人员不得利用工作之便对被管理单位开展其他收费性
服务，若发生有损环保局形象、弄虚作假、损害企业合法权益、职业道德不
良等现象的，承担相应的法律责任，并直接解除合同。

为加强对第三方监理公司监管，织里镇还专门制定了考评细则。满分100
分，如"监理队伍人数3人及以上，其中两人及以上常驻吴兴区。总分10分，
每次抽查两人在吴兴区得10分，1人在得4分，没人在得零分""检查企业废
气废水收集处置、污染治理设施运行情况5分，少巡查一次扣两分，最多扣
5分"。

在织里镇政府与第三方签订的合同中约定，每月对第三方协助监管工作
进行考核，根据考核结果，每半年支付一次服务费用。得分在90分以上的，
全额支付监理费用；得分在85~89分的，支付90%监理费用；得分75~84分
的，支付80%监理费用；低于75分的不予支付监理费用，并终止合同。

杭州环创环保科技有限公司织里分公司在办公室的醒目位置张贴了工作
纪律要求。

"会不会有企业让你们在检查的时候高抬贵手？"听到类似顾虑，侯永亮
笑了："环保部门包括我们公司都对工作纪律反复强调，而且这么小的区域里

集中了这么多家企业，老板之间都互相认识，一旦接受了一个老板给的好处，很快其他企业都会知道，工作根本没法开展，所以我们不敢有包庇行为。"

资料来源：步雪琳、晏利扬：《湖州吴兴区试点第三方协助监管》，《中国环境报》2018 年 3 月 23 日，第 8 版。

 经验借鉴

经济发达地区工厂密布，基层环境监管力量有限。湖州市吴兴区织里镇大胆尝试由政府向专业的环境监理公司购买服务，创新监管模式。采用第三方监管的主要经验有：①有重点、有针对性地进行监管。解决基层环境执法人员严重不足的问题，将环保部门工作人员从繁重的监管任务中解放出来，集中力量有重点、有针对性地进行监管。②驻厂检查，查找违法违规之处，专业性助力企业整改。还会针对具体问题对工人进行技术培训。③环保部门制定考评细则，考核监理公司。第三方需配备基础的采样装备，严格按照规定频次完成企业现场巡查，不得走过场、不得弄虚作假、不得隐瞒真实情况。第三方监理人员不得利用工作之便对被管理单位开展其他收费性服务，若发生有损环保局形象、弄虚作假、损害企业合法权益、职业道德不良等现象的，承担相应的法律责任，并直接解除合同。根据考评结果支付费用。

二、规范第三方环境监测市场

 案例梗概

1. 浙江省就如何规范第三方环境监测市场，实行多项举措。

2. 第三方环境监测市场能够快速发展，浙江省环境监测协会发挥了重要作用。

3. 浙江省在实行环境监测市场化的同时，政府部门的监管力度也在不断加强。

4. 浙江省各地的环境监测体系顶层设计也在不断完善。

关键词：保证监测数据质量；环境监测体系；政府；协会

案例全文

浙江省社会化监测工作开展较早。2013 年 8 月，浙江省环保厅出台了《关于推进环境检测市场化工作的意见》，培育和引导社会环境检测力量。截至2017 年 8 月，全省从事第三方环境检测业务机构有 185 家，从业人数达 8000余人。

中办、国办近日印发《关于深化环境监测改革提高环境监测数据质量的意见》（以下简称《意见》），要求切实保障环境监测数据质量，促进环境管理水平全面提升。

企业严格把关　保证监测数据质量

作为浙江省内唯一从国有股转型为社会服务型的第三方专业环境检测机构，杭州市环境检测科技有限公司（以下简称"杭州环检公司"）始终将监测数据的质量建设作为建设良好第三方检测形象工程来抓。

据了解，杭州环检公司注重能力建设，多次通过计量认证，检测能力涵盖环境检测、室内检测、公共场所检测、辐射检测等 1412 项。由于严把质量关，2016 年公司出具的 5200 余份检测报告中，涉及多个领域的近 15 万个数据质量均得到保证。

"本次《意见》的出台将更好地规范第三方环境监测市场，加快优胜劣汰。"杭州环检公司总经理徐建勇说，对于《意见》中提出的开展环境监测新技术、新方法和全过程质控技术研究，提升环境监测科技水平，他们已先试先行。

据了解，2015 年底，杭州环检公司就开始研发针对第三方执行重大项目实时监督的大数据平台。平台涵盖检测委托、检测采样、样品调度、检测分析、检测报告等模块，业主通过账号进入后，可实时监督项目的派单时间、采样车出发到达时间、采样设备领用、人员资质等情况，还可通过多媒体短片查看样品性状、颜色。

"平台集环境检测、评判标准于一体，既有利于主管部门监督，也是向外界展示企业公信力的一种方式。"徐建勇表示，平台已通过试运行，很快将在绍兴市环保局投入使用。

协会开展评估　促进行业健康发展

第三方环境监测市场能够快速发展，浙江省环境监测协会（以下简称协会）发挥了重要作用。

作为服务环保事业和产业的社会团体，协会的主要任务是配合环保部门对第三方环境检测机构开展技术指导、业务培训和能力评估，并对企业从质量体系到实验室能力进行全方位考核。

2017 年 8 月初，协会对省内 15 家第三方环境检测机构进行了能力评估，6 家单位评为 B 级，7 家单位评 C 级，两家单位不评级。

"企业根据自身需要自愿申请开展能力评估，评估等级分为 A、B、C、D、E 五级。其中 D 级、E 级为材料审查；A 级、B 级、C 级通过'材料审核 + 现场评估'相结合的模式评估。"协会秘书长许晗雨介绍，通过"专家会诊"式的评估，第三方环境检测机构可发现自身存在的问题，提升业务能力。评估结果也可作为省内开展环境检测业务委托及政府对机构能力摸底的重要依据。

下一步，协会将在向全省推行《浙江省社会环境检测机构能力评估办法（第二版）》的同时，组织已备案的杭州市萧山区、绍兴等地方的第三方环境检测机构开展能力评估，扩大能力评估范围。协会已发布《浙江省环境监测机构行业自律公约》，严禁超出资质认可范围的经营，严禁用不正当手段进行恶性竞争。

政府强化监管　规范监测市场秩序

"名称：浙 A02589，时间：2017-02-14　10：13：44，状态：行驶，熄火，定位数据……"这是杭州市余杭区环保部门在对社会化环境检测机构进行现场采样质控过程中，采样组配发 GPS 记录仪上采样点位置和导航轨迹图。

浙江省在实行环境监测市场化的同时，政府部门的监管力度也在不断加强。

为改善水环境质量，按期完成剿劣任务，余杭区今年对 140 余条劣 V 类河道约 190 个监测断面，每月进行 3 次监测分析。由于任务繁重，余杭区环保局分别委托聚光、格临两家第三方环境检测机构承担项目的采样、分析工作。

如何确保监测质量？2017年2月起，余杭区环保局与浙江省环境监测工程公司合作，将其作为第三方监理单位，对两家委托公司的检测全过程进行质控管理和考核。考核分现场采样质量控制、实验室质量控制两大部分，并进行相应评分。如考核合格率未达到80%，样品需重新采样，并按方案要求进行质控管理；考核合格率达到80%，但质控数据偏差较大的样品仍需重新采集、分析。

多次发生质控合格率未达到80%的检测公司，余杭区环保局还将对其进行约谈，要求其自行查找原因，提出解决方案。如约谈后改善效果仍不明显，将按合同规定程序处理，严重者可停止其检测业务。

浙江省各地的环境监测体系顶层设计也在不断完善。温州市出台了《关于推进温州市环境检测市场化工作的意见》，联合质量技术监督等部门形成管理合力，对辖区内第三方环境检测机构实行星级化全过程动态管理，开展准入管理的能力量化、动态管理的项目量化和年度考核量化。

"质量是环境监测工作的生命线。下一步，我们将完善环境监测质量控制制度，积极推广采样端信息化管理模式，推进全省LIMS（实验室管理系统）的应用。同时，加强第三方环境检测机构质量管理，联合质监等相关部门强化事中、事后监管，对违法机构进行查处。"浙江省环保厅党组成员、总工程师朱留沙表示。

资料来源：王雯、晏利扬：《企业自律　协会引导　政府监管　浙江规范第三方环境监测市场》，《中国环境报》2017年10月12日，第5版。

 经验借鉴

浙江省社会化监测工作开展较早，在培育和引导社会环境检测力量方面，规范第三方环境监测市场方面，有如下经验值得借鉴：①企业严格把关，保证监测数据质量。要求企业开展环境监测新技术、新方法和全过程质控技术研究，提升环境监测科技水平。②协会开展评估，促进行业健康发展。协会的主要任务是配合环保部门对第三方环境检测机构开展技术指导、业务培训和能力评估，并对企业从质量体系到实验室能力进行全方位考核。③政府强化监管，规范监测市场秩序。浙江省在实行环境监测市场化的同时，政府部门的监管力度也在不断加强。以余杭区为例，余杭区环保局与浙江省环境监测工程公司合作，将其作为第三方监理单位，对两家委托公司的检测全过程进行质控管理和考核。考核分现场采样质量控制、实验室质量控制两大部分，并进行相应评分。多次发生质控合格率未达到80%的检测公司，余杭区环保局还将对其进行约谈，要求其自行查找原因，提出解决方案。如约谈后改善效果仍不明显，将按合同规定程序处理，严重者可停止其检测业务。④完善环境监测体系顶层设计。温州市出台了《关于推进温州市环境检测市场化工作的意见》，联合质量技术监督等部门形成管理合力，对辖区内第三方环境检测机构实行星级化全过程动态管理，开展准入管理的能力量化、动态管理的项目量化和年度考核量化。

三、发动民间力量　查得清还要用得上

案例梗概

1. 乐清市是浙江省唯一的第二次全国污染源普查试点单位。
2. 乐清市环保公益协会决定参与和承接第二次全国污染源普查工作，成立了一支民间技术团队。
3. 之前各部门的数据库处于孤岛状态，此次污染源普查工作把这些数据库串联起来，提高普查工作效率。
4. 污染源普查的过程，也是宣传环保，提升群众参与度和满意的过程。

关键词：污染源普查；第三方机构；民间技术团队；有效互动；群众参与度和满意度

案例全文

2018年3月，浙江省温州乐清市正业育苗场迎来了一群特殊的客人，他们都佩戴着污染源普查的工作证件，前来调查和记录育苗场内一台锅炉的信息。

正业育苗场负责人老吴不知道的是，他家的这台小锅炉，居然成了浙江省第一台接受第二次全国污染源普查调查的生活源锅炉。

乐清市是浙江省唯一的第二次全国污染源普查试点单位。由浙江省、温州市、乐清市三级环保部门相关负责人以及第三方机构技术人员、民间环保组织人员等20多人组成的试点工作小组，近日开始了第二次全国污染源普查生活源锅炉清查试点工作。

乐清成立民间技术团队，引入社会力量参与试点

普查组兵分两路赴乐清市翁垟街道28家育苗场开展普查。这次试点区域根据地域和污染源特征，划分12个网格片区，12家第三方机构按片区分配入驻清查。

"这台小锅炉是给育苗场的花蛤苗供热的。"老吴说，"这一片的育苗场都是用一样的小锅炉，一蒸吨的，大家都是用生物质来烧"。一蒸吨的锅炉，又是渔业用途，根据国家普查办关于生活源锅炉的规定，正是这次普查的对象。随后，乐清市生态环境局总工程师郑道福及第三方机构的普查人员详细登记了锅炉的基本情况、运行情况及污染治理情况等信息。

郑道福介绍说，乐清市委、市政府全力支持普查工作，由分管副市长担任普查领导小组组长。乐清市环保部门还积极引入第三方机构参与试点，同时还把环保志愿者、环保NGO等社会力量动员起来，形成有效互动。

2017年底，乐清市环保公益协会决定参与和承接第二次全国污染源普查工作，并于2018年成立了一支民间技术团队。这支由20多人组成的乐清民间技术团队，成员有机关干部、乡镇技术员、企业骨干、自由职业者等，社会经验丰富，专业优势明显，成为乐清试点工作一支重要的社会力量。

乐清市第二次全国污染源普查领导小组办公室也于2018年成立。目前，乐清市已完成了普查试点的准备，启动了试点镇区的清查建库工作，形成乐清试点清查目录初步名单，100多台生活源锅炉的清查工作也已基本完成。

乐清试点工作给全市普查工作开了个好头。2017 年 12 月底，温州市环保局召集全市污染源普查领导小组成员单位联席会议，通报普查工作进展，并商请 23 个市级成员单位提供普查相关数据库。会上，各有关部门集思广益、群策群力，并建立了联络员微信群。

很快，全市工业园区清单、工商注册库、承压锅炉清单、集中式污染治理设施清单、市政入河（海）排污口清单及工程机械、渔船、矿山甚至加油站等共 17 个不同的普查基础数据库资料汇总完毕，并及时下发给各县级普查机构。

"手里有数据库，心中才能不慌。"温州市第二次全国污染源普查领导小组办公室主任高永兴表示，之前各部门的数据库处于孤岛状态，此次污染源普查工作把这些数据库串联起来，进行进一步整合、比对、评估，并以此推算整个普查过程的工作量、经费预算等，提高普查工作效率。

下一步，温州市环保部门将进一步做好与农业、海洋渔业部门的沟通衔接，协同启动农业源普查准备工作，推进各类污染源普查工作同时启动、同时部署、同时完成。

普查过程也是提升群众参与度和满意度的过程

"实施污染源普查，摸清温州环境家底；搞好污染源普查，完成重大国情调查。第二次全国污染源普查，需要您的支持和参与。"

李师傅是温州市区一名普通的出租车司机，对于这个每天在早晚高峰期播放，而且在所有出租车顶 LED 视屏上动态播放的公益广告，李师傅几乎可以背出来了。这次普查也和李师傅息息相关，出租车是多大排量，每年用多少油，排了多少废气，最终都会纳入普查统计。

实际上，污染源普查的过程，也是宣传环保，提升群众参与度和满意度的过程。据了解，普查前期阶段，温州市全力做好普查动员、宣传和培训。全市环保系统召集本地 11 家第三方机构开展普查座谈、正式印发《温州市第二次全国污染源普查工作方案》、下发全市 18 万家工业源的初筛数据库、部署开展生活源锅炉清查。2018 年 1 月 31 日，温州市组织对市、县普查机构和 13 家第三方共 100 多名普查指导员开展了第一期技术培训。

"找这么多普查员和第三方机构，投入这么多普查经费，绝不只是为了完成国家的普查任务。"高永兴表示，普查就是要先做加法，再做减法。多方面汇总各类环境管理历史数据，与本次普查数据相互整合，形成管理部门的大数据，努力推动环境管理与决策的数据化和精准化。并以此为基础，积极开展环境承载力、生态资源资产负债情况等研究。

截至 2018 年 3 月，温州市、县两级均已成立普查领导小组及其办公室，并落实专门办公场所；落实普查人员 95 人；落实普查经费超过 2000 万元。同时，温州已部署生活源锅炉和市政排污口清查、启动全市餐饮等服务业排污量整体测算招投标。瓯海等区（县）已启动眼镜、皮鞋、印刷等 8 个温州典型行业的产排污系数调研。

资料来源：林庆斌、章松来、金树鹏、林梓、叶长一、晏利扬：《温州发动民间力量，引入第三方机构参与污染源普查 查得清还要用得上》，《中国环境报》2018 年 3 月 8，第 5 版。

 经验借鉴

乐清市是浙江省唯一的第二次全国污染源普查试点单位。由浙江省温州市、乐清市三级环保部门相关负责人以及第三方机构技术人员、民间环保组织人员等 20 多人组成试点工作小组，同时还把环保志愿者、环保 NGO 等社会力量动员起来，形成有效互动。引入社会力量参与污染源普查，值得借鉴的经验有：①数据库资料汇总。以前各部门的数据库处于孤岛状态，此次污染源普查工作把这些数据库串联起来，进行进一步整合、比对、评估，并以此推算整个普查过程的工作量、经费预算等，提高普查工作效率。多方面汇总各类环境管理历史数据，与本次普查数据相互整合，形成管理部门的大数据，推动环境管理与决策的数据化和精准化。并以此为基础，积极开展环境承载力、生态资源资产负债情况等研究。②各部门协同推进。温州市环保部门做好与农业、海洋渔业部门的沟通衔接，协同启动农业源普查准备工作，推进各类污染源普查工作同时启动、同时部署、同时完成。③借助污染源普查，宣传环保，提升群众参与度和满意度。在普查期间，温州市全力做好普查动员、宣传和培训工作。全市环保系统召集本地 11 家第三方机构开展普查座谈、正式印发《温州市第二次全国污染源普查工作方案》。

四、第三方提供监管助力　智慧平台完善技术保障

 案例梗概

1. 杭州湾北岸的滨海新城嘉兴港区以创建国家生态工业示范园区为目标，创新环境监管治理模式。
2. 企业成立治气联盟，成员企业带头加大环保投入，相互监督协力治气，活跃在监管第一线。
3. 引入专业环保公司助力环境监管，对技术服务和执法力量不足进行有效补充，对风险较高企业进行专职监理。
4. 建设大气监管智慧平台。

关键词：治气联盟；专业环保公司；专职监理；"一厂一档"制度；智慧平台

 案例全文

浙江省杭州湾北岸的滨海新城嘉兴港区，虽然聚集着众多临港化工产业，如今却不见工业区常见的烟囱吐烟、尘土漫天现象。

近年来，嘉兴港区以创建国家生态工业示范园区为目标，狠抓 VOCs（挥发性有机物）污染治理，强化源头管理，创新治理模式，构建了政府主导、"五治（自治、共治、他治、民治、智治）联手"、社会参与、科学推进的管理格局。2017 年一季度，全区空气质量优良率为 87.1%，优于嘉兴市区平均水平。

企业成立治气联盟，成员企业带头加大环保投入，相互监督协力治气，活跃在监管第一线。港区化工新材料园区作为国家级化工新材料园区，入驻有乐天化学、新加坡美福、嘉兴石化、三江化工等 36 家国内外知名化工企业，在成为经济增长点的同时，废气污染扰民的问题尤其突出。如何落实企业大

气污染防治主体责任，变"要我做"为"我要做"？

港区率先成立"大气治理联盟"（以下简称"治气联盟"），将化工园区划分为6大网格管理区块，36家企业分别落实到每一个具体网格内。嘉兴石化、美福石化、嘉化能源、合盛硅业、金利化工和佳润新材料6家企业牵头负责组成"治气联盟"会员单位，实行联防联控，为港区破解重点废气治理难题提供有力支持和帮助。

嘉兴石化，是"治气联盟"的盟主。作为园区内的上市龙头企业，盟主，首先意味着治气的难度。企业在差别化纤维生产过程中，为严格品质管控，每天四次打开生产装置进行取样。量虽少，所散发出的醋酸异味，却常常成为周边居民投诉的重点。

"对我们来说，治气并不是量的问题，而是人的嗅觉对酸味的敏感度。由于醋酸味挥发性强，只要是一滴的量，都会扩散到整个厂区。"总经理朱炜表示，为解决这一问题，企业从现场作业控制入手，花费近40万元引进七台瑞典进口的零排放取样器，实现样品到取样瓶全程密闭流程。

其实，早在2012年建成投产后，嘉兴石化就花费近1亿元，采用HPCCU高压催化燃烧技术对废气进行处理，加热过程中需要输入30吨高压蒸汽，一年的资金达4800万元。2014年开始，针对VOCs排放点多且分散的难题，企业又对阀门、法兰、连接头、安全阀等易泄漏点制定LDAR计划，开展定期检测并及时修复，目前点位已达到9969个。

"环保有成本，有代价，但我们仍旧不折不扣地在执行，没有环境意识的企业是没有生命力的。"朱炜说。

在"治气联盟"的推动下，越来越多的企业看到了环保投入背后无形的社会效益和经济收益。佳润新材料有限公司安环部副总经理蒋奇对此也深有感触。

刚开始，企业花费80万元建成的废气处理设施试运行半年后就出现故障，反复维修后仍无法运行，生产丙烯酸水性溶液过程中散发的异味甚至在半夜遭到居民的投诉。2015年，停业整顿三个月后，企业投入180万元将原先的设施升级为三厢式焚烧炉，处理率达到97%，剩下的3%经过碱水喷淋塔，基本达到废气零排放。此外，还投入43万元安装VOCs在线检测仪，实时监测企业的环境影响。

"随着环保检查力度的加大，低小散企业关停后，找我们代加工产品的企业越来越多。有早期的环保投入，才有现在的生存空间。所以，投入就是赚钱。"蒋奇说。

除了交流共享废气治理经验技术外，联盟企业还开展交叉式巡查，相互监督又协力治气，织就辖区空气"净化网"。目前，"治气联盟"已活跃在大气治理设施监管第一线，成为港区大气污染治理工作的新生力量。

引入专业环保公司助力环境监管，对技术服务和执法力量不足进行有效补充，对风险较高企业进行专职监理。近年来，港区以化工为主的产业结构给当地环境监管带来巨大的压力和挑战。"化工企业工艺专业性强，产生的副产品和危险废物管理，是环境监管的一个难题。嘉兴港区基层环保监管人员仅有 5 人，承担着环境现场监察、建设项目'三同时'验收、排污收费等各项工作，在监管能力、覆盖面、精深度方面都存在问题。"港区环保局局长田亨文表示。

环保部门怎样才能更好地实施全方位监管？港区环保局在全市率先建立环境监管第三方管理模式，委托浙江环科环境研究院有限公司作为第三方对目前环保部门技术服务和执法力量不足进行有效补充，开创政府购买环保服务的新渠道。

浙江环科环境研究院有限公司监理事业部高级工程师付守琪前不久带领嘉兴分公司监理业务人员，前往位于化工新材料园区内的嘉兴南洋万事兴化工有限公司调查恶臭污染。这家企业主要产品为甲基四氢苯酐，其原料顺丁烯二酸酐、间戊二烯、异戊二烯在厂区内储罐数量较多。因物料恶臭阈值低，经常接到周围企业和居民的投诉。

在收集了大量企业资料并与企业技术人员多次对接后，监理团队提出整改方案：在污水站厌氧池和危废暂存场所新增废气洗涤塔，对真空泵房活塞部分进行废气收集处理，并新增一台冷冻机、一台废气压缩机，提高废气中有机物料回用率，降低排放废气的有机物含量。目前，南洋万事兴公司已根据方案进行积极改造，并取得一定成效。

"对于区内污染相对较重、风险相对较高的 38 家化工及仓储企业，我们优选 12 名专业技术人员组成专职监理员，对企业进行 24 小时监控。同时，每月至少开展一次全面排查，检查企业'三废'治理设施的运行情况和水平衡及污染物排放总量情况，排查工业企业环境隐患，并反馈给港区环保局。"浙江环科环境研究院有限公司嘉兴分公司李晔说，对公众投诉较多的企业，他们还提供专家对接和技术支持。

为实现全区企业精细化、规范化环境监管，监理团队将企业分为A、B、C三类，建立"一厂一档"制度。对检查中发现的环保问题、整改内容以及企业落实整改情况，形成第三方监察记录表，与企业环境影响评价文件、"三同时"竣工验收文件、污染防治设施运行情况等相关资料一起纳入档案。"港区大多数企业已从粗放型向资源集约、环境友好的方向发展，这部分企业环境意识水平高，有意愿也有实力投资环境治理。但受制于自身能力不足、人员专业水平不够等因素，自我监督管理无从发力。第三方环境监管的引入，在一定程度上还可以满足企业提升环境管理和治理水平的实际需求。"田亨文表示。

港区第三方现场监理自2016年底成立至2017年12月初，已完成化工新材料园区内企业现场监理120余次，共计出动人员240余人次。监理过程中，发现并填写整改建议的环境隐患180余个，其中重大环境隐患单独发送给企业要求立即整改的监理工作联系单9份。

建设大气监管智慧平台。具备污染因子溯源、园区监测预警、企业风险管控等功能。如今，运用"互联网+"对污染物进行实时监测，并开展智能分析预警，已成为环境监管的新趋势。港区依托中国航天集团打造"智慧园区"的契机，投资1.8亿元大力实施"智慧环保"工程建设，为园区废气管控提供有力保障。"一期项目以边界空气监测建设、综合办公管理系统建设、工业废气治理试点及VOC监测平台升级四项工作为重点，目前已进入具体实施阶段，部分设备已在安装调试，于2017年8月投入试运行。"田亨文介绍。

多数化工企业在生产的过程中，由于生产装置和管道众多，生产区常常会有不明异味飘散而出，这些废气正是大气污染源之一。

港区自动监测站曾出现过硫化氢超标报警。在空气质量监测联网监控平台上，工作人员对浓度曲线进行分析，通过曲线回溯、时间段选择、模型计算等步骤，确定潜在区域，最终排查出疑似超标企业为以色列化工公司。

"全区总共布设有西北站、以化站、人防站、港区自动监测站四座站点。其中，西北站可监测59项VOCs参数及常规因子、有机磷、芳烃、烷烃等，以化站为浙江首套傅里叶红外监测站，可监测300余种有机物气体，周期小于5分钟，并具备转换监测位置的功能。"浙江航天恒嘉数据有限公司李莫野介绍，监控平台不仅对污染物超标进行异常报警，还可以溯源各点位污染趋势历史轨迹，帮助执法人员查找污染源。

据了解，为打造立体化监管网络，2013年，港区在全市率先探索LDAR（泄漏检测与修复）建设，从顶层设计开始，着手建设LDAR数据管理和展示综合平台，建成的平台免费为企业提供企业级LDAR管理系统。2017年初，LDAR平台升级为VOCs平台，新增VOCs在线、VOCs核算功能。

2016年，全区共有33家企业开展LDAR泄漏检测，完成检测405439点次，泄漏点3706点，泄漏率0.914%，修复2461点，修复率66.41%。截至2017年12月，港区化工企业已实现LDAR体系全覆盖，监测点位达35万个，企业投入达千万元，大幅度减少了VOCs排放。

同时，港区在化工新材料园区试点新建30套小型空气站，采用每300米布一个点的规则，对园区3条3千米的监测网格带布点。空气站可以监测硫化氢、氯气、氨等7种有毒有害气体的园区特征因子，并将所有数据统一接入平台，力争达到精细化的无组织排放监控。"智慧环保不能停留在硬件和数据中，要发挥大数据集中和运用，依托智慧环保，加快实现动态溯源和实时分析功能。"田亨文表示，下一步，港区将推进水气智慧平台建设，依托智慧平台，加强动态管理和实时反馈，为大气污染治理提供数据支撑和决策参考。

资料来源：王雯、晏利扬：《企业落实主体责任，第三方提供监管助力，智慧平台完善技术保障嘉兴港区治气有三个帮手》，《中国环境报》2017年12月6日，第7版。

 经验借鉴

嘉兴港区以创建国家生态工业示范园区为目标，狠抓VOCs污染治理，强化源头管理，创新治理模式，构建了政府主导、"五治（自治、共治、他治、民治、智治）联手"、社会参与、科学推进的管理格局。主要经验有：①企业成立治气联盟，成员企业带头加大环保投入，相互监督协力治气，活跃在监管第一线。港区率先成立"大气治理联盟"，将化工园区划分为6大网格管理区块，36家企业分别落实到每一个具体网格内。除了交流共享废气治理经验技术外，联盟企业还开展交叉式巡查，相互监督又协力治气，织就辖区空气"净化网"。②引入专业环保公司助力环境监管，对技术服务和执法力量不足进行有效补充，对风险较高企业进行专职监理。港区环保局建立环境监管第三方管理模式，开创政府购买环保服务的新渠道。第三方环境监管的引入，在一定程度上还可以满足企业提升环境管理和治理水平的实际需求。③建设大气监管智慧平台。运用"互联网＋"对污染物进行实时监测，并开展智能分析预警。港区依托中国航天集团打造"智慧园区"的契机，投资 1.8 亿元大力实施"智慧环保"工程建设，具备污染因子溯源、园区监测预警、企业风险管控等功能。智慧环保不仅停留在硬件和数据中，还发挥大数据集中和运用，依托智慧环保，加快实现动态溯源和实时分析功能。

五、查哪家企业？谁来查？市民代表摇号决定

 案例梗概

1. 嘉兴市在全省率先启动污染源随机抽查制度。
2. 以"双随机一公开"的方式开展污染源抽查，确保整个执法过程公平、公正、公开。
3. 整个过程全部在纪检部门、市环保联合会成员及各媒体单位等公信力代表的监督下，向公众公开。
4. "点单式"执法：执法人员将列有重点企业的名单发到市民代表手中，由市民代表确定抽查对象。
5. 为了确保"双随机一公开"制度运行得公平公正，环保部门建立完善了"一单两库一细则"。
6. 公众参与环保"嘉兴模式"被写入联合国报告，引起世界关注。

关键词：政府；污染源随机抽查制度；市民代表现场摇号；随机抽取执法检查人员；写入联合国报告

 案例全文

2016 年初，嘉兴市在全省率先启动污染源随机抽查制度，由环保部门每月定期对全市层面的国家级和省级重点监控企业，以"双随机一公开"的方

式开展污染源抽查，确保整个执法的过程公平、公正、公开。

这项制度实施以来，嘉兴市两级环保部门共开展 84 次抽查，出动执法人员 2718 余人（次），检查各类企业 1048 余家，发现管理问题 194 个，发现违法行为 88 起，立案查处 88 件，已处罚 54 件，处罚金额 626 万余元。

2016 年 11 月，在举行的"双随机一公开"监管情况通报会上，嘉兴市环保局副局长朱伟强说："我们要认真倾听公众意见，加大公开力度，既注重过程公开，也注重检查结果公开，严厉打击环境违法行为，服务指导排污单位规范提升环境管理水平，努力维护公众环境权益。"

市民代表现场摇号

"我来抽！"10 月 20 日上午，市民代表周良斌自告奋勇上台抽取了一个企业编号，意味着嘉兴市环保局 2016 年第 10 次"双随机"执法检查的企业敲定了。随后，市民代表撕开此前摇号确定的企业编号信封，揭晓名单，随机抽查的企业和执法人员正式配对确定。

而在这之前，无论是被抽查企业还是执法人员，都是未知的，两者必须在执法当天，由市民代表从电脑系统中"摇号"产生，且整个过程全部在纪检部门、市环保联合会成员及各媒体单位等公信力代表的监督下，向公众公开。

此次的抽查对象，被确定为秀洲区的嘉兴新桥丝绸染整有限公司、南湖区的卫星石化股份有限公司、嘉兴港区的帝人聚碳酸酯有限公司等 6 家企业。

随后，嘉兴市环保联合会的 6 名成员跟随执法人员，兵分六路赶赴企业检查。在新桥丝绸染整有限公司，执法人员看到，由于厂区管道老旧，地面有污水渗漏现象，管道存在"跑冒滴漏"，厂区内的煤渣堆场没有做加盖等防护措施，煤渣露天堆放。

检查行动中，执法人员做好污染源现场监察记录，在企业排污口抽取了水样，针对企业现场管理的不规范情况，执法人员要求企业及时落实整改措施。

整个执法过程中，嘉兴市环保联合会副会长万加华全程跟随，多次参与执法的经历，使他学到了执法人员的观察能力，可以一针见血地指出企业的环境管理薄弱处。在这次参与过程中，他也记录下了执法人员的执法经过，还用手机拍下照片，晒到了朋友圈里，第一时间公布执法现场。

早在 2010 年，万加华就以市民检查团成员的身份，参与了嘉兴环保部门的"点单式"执法。所谓"点单式"执法，就是执法人员将列有重点企业的名单发到市民代表手中，由市民代表确定抽查对象。这是嘉兴环保部门向市民展示环保执法公平、公正的初步探索。

在以万加华为代表的嘉兴环保联合会成员看来，这种执法方式不仅可以消除企业的不满、群众的疑虑，也能减少执法压力，规避选择性执法，更防止了暗箱操作。

2016 年初，嘉兴环保局启动的"双随机"执法检查制度，进一步拓展了执法检查公平、公正、公开的方式，进一步加深了公众参与执法的意义。

双随机一公开

全程监督、力求公正、程序规范，是"双随机一公开"制度的三大关键词，也是嘉兴环保部门多年来的努力目标。2015 年 12 月，嘉兴两级环保部门制定下发《污染源日常环境监管随机抽查制度落实方案》，建立了抽查企业名单，完善了数据库和实施细则，明确了抽查方法和分工，细化了工作责任，确保了行动实效。

2016 年 1 月，嘉兴市在全省率先启动污染源随机抽查制度，开展"双随机"执法检查，并邀请市人大代表、市政协委员、市民检查团成员参加，各大新闻媒体全程跟踪监督。

所谓"双随机"，即体现在两个随机上。首先，体现在企业名单的随机性上。现场随机确定抽号人员，再通过摇号软件，从污染源名录库中现场抽取执法企业名单编号。名单编号抽出后，装袋密封，交由环保局保密员按照保密规定管理。整个过程由驻局纪检组现场监督，新闻媒体全程跟踪参与。然后，采取不定时间、不打招呼、不听汇报，直奔现场、直接督察和直点问题的执法方式和手段，全方位、不留死角地对排污企业进行检查。其次，体现在执法检查人员的随机性上。执法检查人员采取随机抽取、现场编组的方式，即时开展检查。

所谓"一公开"，即执法全过程公开、执法结果向公众公开。"我们将被抽查企业的主体责任落实信息、监督检查信息、违法违规处置信息、企业自律信息等全部公开。对投诉举报多、有严重违法违规记录等情况，以及重点区域的市场主体，加大随机抽查比例和频次。"嘉兴市环境监察支队副支队长马哲峰介绍。

马哲峰表示，启动"双随机"执法抽查机制，目的就是探索、创新监管方式，防止人为干扰，减少监管部门寻租空间，让监管对象不敢心存侥幸。

为了确保这项制度运行得公平公正，环保部门建立完善了"一单两库一细则"，即结合权力和责任清单，对随机抽查对象、执法检查人员名录库及抽查实施细则进行管理，确保监管对象全面、监管人员合格、监管事项合法、监管权责匹配。在此基础上，进一步建立健全制度，对"双随机"进行清单管理，建立了抽查事项清单、检查人员权责清单和抽查企业诚信清单。

"嘉兴模式"被写入联合国报告

早在 2007 年 4 月，嘉兴市环保局就出台了《嘉兴市环保信用不良企业公示管理试行办法》，此后，这一制度历经多次修订。2016 年，嘉兴市环保局对"黑名单"制度进行了再次修订。

企业违法排污，情节恶劣的，要被列入环保"黑名单"，受到银行授信限控。根据嘉兴银监分局统计，近两年辖内银行机构累计投放节能减排类项目贷款超 40 亿元，限制"黑名单"贷款 11 亿元。

2006~2016 年以来，嘉兴共有 365 家企业被列入"黑名单"。对于这些企业，嘉兴市环保局通过举办环保"矫正学堂"，一方面让企业负责人在签名墙上郑重签名，向社会公众道歉；另一方面给予企业指导、培训，帮助企业争取在 3 个月内完成"摘帽"整改。

无论是制定实施环保"黑名单"制度，开办环保"矫正学堂"，还是启动"双随机一公开"执法检查，都体现了嘉兴市环保部门在震慑环境违法行为、执法公开透明、保障公众环境知情权等方面的探索。

事实上，近年来嘉兴公众参与环保一直走在全国前列，公众参与环保"嘉兴模式"还被写入了联合国报告，引起世界关注。2016 年世界环境日前夕，时任环境保护部部长陈吉宁同联合国环境规划署执行主任施泰纳一起发布了一份名为《绿水青山就是金山银山：中国生态文明战略与行动》的报告。这篇报告中"推动环境保护多元共治"这一章节里，专门提到了公众参与环保的"嘉兴模式"。

"在嘉兴，普通市民代表可以采用'大环保、圆桌会、陪审员、点单式、道歉书、联动化'等形式，直接参与到环境治理中。行之有效的'嘉兴模式'受到不少城市的效仿。"嘉兴市环保局法制宣教处负责人说。

资料来源： 朱政：《查哪家企业？谁来查？市民代表摇号决定！》，《浙江法制报》2016 年 11 月 8 日，第 5 版。

 经验借鉴

嘉兴市在浙江省率先启动污染源随机抽查制度，由环保部门每月定期对全市层面的国家级和省级重点监控企业，以"双随机一公开"的方式开展污染源抽查，既注重过程公开，也注重检查结果公开，严厉打击环境违法行为，服务指导排污单位规范提升环境管理水平，努力维护公众环境权益。主要经验有：①"双随机一公开""点单式"执法，向市民展示环保执法公平、公正的初步探索。双随机体现在企业名单的随机性，以及执法检查人员的随机性，"一公开"，即执法全过程公开、执法结果向公众公开。启动"双随机"执法抽查机制，目的就是探索、创新监管方式，防止人为干扰，减少监管部门寻租空间，让监管对象不敢心存侥幸。②环保部门建立完善了"一单两库一细则"，即结合权力和责任清单，对随机抽查对象、执法检查人员名录库及抽查实施细则进行管理，确保监管对象全面、监管人员合格、监管事项合法、监管权责匹配。在此基础上，进一步建立健全制度，对"双随机"进行清单管理，建立了抽查事项清单、检查人员权责清单和抽查企业诚信清单。总之，无论是制定实施环保"黑名单"制度，开办环保"矫正学堂"，还是启动"双随机一公开"执法检查，都体现了嘉兴市环保部门在震慑环境违法行为、执法公开透明、保障公众环境知情权等方面的探索，公众参与环保的"嘉兴模式"，推动环境保护多元共治。

六、发现污染随手拍　职业环保人马上跟进

 案例梗概

1. 2012 年 8 月，钱塘江水地图正式投入使用。

2. 民间环保人有了由国家人力资源部认可的职业称呼——环境督导师。

3. 通过钱塘江水地图平台，实时记录下钱塘江水域环境，人人都能参与环保监测，人人是观察者。

4. 对全流域饮用水保护区，特别是杭州市的一、二级饮用水保护区的 29.2 千米段进行常规巡护。

关键词：政府；民间环保组织监督；环保督导员；绿色管理

 案例全文

在一条繁华都市旁的江河水域旁，活跃着一群年轻的环保志愿者。某天早上，护水者们抄小路，翻土丘，顺着气味在杂草丛中找到了一处废水排放口。取水样、测指标，这些来自民间的护水者们显得非常专业。经现场简易测试，所取的水样中氨氮等指标存在超标嫌疑，护水者立即联系了当地环保部门前来查处……就这样，成功查处并解决了多起环境污染案件。这不是电视剧中虚构的场景，而是杭州钱塘江护水者的真实工作场景。

2012 年 8 月，钱塘江水地图正式投入使用。打开钱塘江水环境互助信息平台（www.qiantangriver.org），在首页上就会显示钱塘江水地图，上面有被标注的标识，经点击就能看到所标识的水环境情况。

这些护水者，曾经的民间环保人有了职业称呼——环境督导师，由国家人力资源部认可，截至 2013 年 4 月，全国首批 100 多名环保志愿者获得了中国环境督导师证书，其中，浙江有 3 位。

浙江省最大的民间环保组织"绿色浙江"总干事忻皓说，环境督导师这个职业能让环保人更专业。忻皓也是钱塘江水地图的研发者，他说，这张"水地图"上的水系污染点都是绿色浙江环保组织的志愿者们标示出来的。

志愿者在钱塘江流域巡防走访，将这些点位拍照上传到水地图上。2012年，环保部门通过水地图的举报，成功查处并解决了桐乡、东阳、兰溪等地4起环境污染案件。

特别是居住在钱塘江流域附近的居民，可以通过钱塘江水地图这个平台，实时记录下钱塘江水域环境。具体怎么操作？发现污染源，大家可以把拍到的照片和说明发送到这个平台上，标注在地图上。"我们会将大家举报上传的这些点的情况反映给省环保厅，由他们来进行核实、查处。"忻皓说，"今后人人都能参与环保监测，人人是观察者。"

绿色浙江环保组织招募了一批钱塘江护水志愿者，主要是钱塘江流域社区、学校的志愿者，他们对全流域饮用水保护区，特别是杭州市的一、二级饮用水保护区的29.2千米段进行常规巡护。

绿色浙江志愿者协会水项目保护部部长申屠俊曾经想过放弃。申屠大学毕业后，同学们都去了大企业、政府机关工作了，只有他一个人留在民间环保组织工作。"有时候出去搜集污染源，没'门'没'派'的连个工作证工作服都没有，还被打过，受委屈时真想不干了……但看到我们的努力有了结果，比如我们监督的偷排源头被关掉了，当初没抱太大希望给我们提供线索的村民过年还给我打来拜年电话，说再也闻不到那个刺鼻气味了……"想起这些，这个瘦弱的小伙子爽朗地笑了。

作为浙江省最早建立、规模最大，也是目前在全国最具影响力的环保社会团体之一，绿色浙江环保组织首批有3人成为了第一批职业环境督导师，他们，也是浙江目前仅有的3位环境督导师。

资料来源：李阳阳、梁津铭：《发现污染随手拍　职业环保人马上跟进》，《钱江晚报》2013年4月9日，第H0002版：杭州新闻民生。

 经验借鉴

杭州政府对钱塘江水环境的保护，采取了创新性的监管模式，如打造钱塘江水环境互助信息平台，以及充分利用民间环保组织的监督力量。主要经验有：①人人都能参与环保监测，人人是观察者。打造钱塘江水环境互助信息平台，周边居民一旦发现污染源，可以把拍到的照片和说明发送到平台上，标注在地图上，由省环保厅进行核实、查处。②民间护水者得到了专业化的认证，取得居民的认可和信任。全国首批100多名环保志愿者获得了中国环境督导师证书，其中，浙江有3位。

七、点点鼠标了解企业排污行为　企业自行发布监测信息

 案例梗概

1. 浙江省推出企业自行监测信息平台，供企业发布信息，接受社会公众的监督。
2. 企业自行发布数据　更利于企业管理。
3. 为企业举办了自行监测培训班，不断完善企业自测信息发布平台。
4. 接受公众监督，让人民群众拥有更多的环境知情权。

　　关键词：监测数据；社会监督；自行发布数据；自行监测培训班

 案例全文

　　2013年，浙江省环保厅在其门户网站新开通了一个平台，只要点点鼠标，就能在这里找到省内几百家重点污染源的环境监测报告，而且还能任意查询这家企业某天某个时段污染物排放的平均值，可以非常方便地了解企业的环境行为。

　　公布监测数据　接受社会监督

　　如何更好地强化企业环保社会责任，推进污染减排？如何更好地为公众提供更多的企业环境信息，推动公众对企业排污行为的监督？2013年，浙江

省环保厅正式在省环保厅门户网站推出浙江省企业自行监测信息平台，供企业发布信息，接受社会公众的监督。

"要让企业将从未对外公开过、仅对环保部门上报过的自行监测数据公之于众，接受大家监督，从而强化企业的自我环境管理，增强企业的社会责任。"浙江省环保厅监测与信息处负责人一语道破建设这一平台的目的。浙江省环保厅高度重视企业环境信息公开工作。2012年，浙江省环保厅在其门户网站增设了浙江省污染源在线监测日报专栏。2013年，浙江省环保厅加快企业自测信息发布的技术支撑提升工作，并于10月在省环保厅门户网站建成全省企业自行监测信息公开统一发布平台，要求纳入国家重点监控的企业，依据国家污染物排放标准、环境影响评价报告要求和企业污染物排放性质编制自行监测方案，开展污染物日常监测，并在企业对外网站、报纸、电视和省市环保部门统一建立的公布平台上公开自行监测方案和监测结果。

自行发布数据　更利于企业管理

浙江省企业自行监测信息平台具备企业发布和公众查询两项功能。其中，"信息录入"和"统计报表"栏为非开放区域，供企业登录和发布信息；"数据公开"和"单点查询"为开放区域，供公众查询和了解企业"自行监测方案""自动监测数据"和"人工监测数据"服务。为方便公众查询，这一平台还具备污染类型、行政区域、行业属性和企业信息等查询分类功能。

据了解，浙江省有国家重点监控企业1000多家，目前已有超过1/3的企业接入这一平台。企业上传的数据以自动监测数据为主，主要以国家减排考核要求的4项污染物数据为主，一些企业的特征污染物，将根据环评要求和这家企业制订的监测方案，定期进行手工监测后上传。

企业污染物自行监测是企业环境管理的"尺子"和"耳目"，能为企业提供及时、具体的排污信息，在企业污染物总量减排、日常环境管理、环境应急预警等工作中具有无可替代的作用，是企业环境管理的重要手段。

发布范围和内容将不断完善

企业自行监测信息平台建立后，部分企业对开展污染源自行监测工作认识不够，仍有观望情绪。不少企业尚未设立自行监测机构或委托监测，现有自测能力的企业也还存在着诸如人员和仪器设备不足，自测行为不规范、自测档案不全，自测数据质量无法保证等问题。

为此，浙江省环保厅根据 2013 年总量减排监测体系建设和运行工作的要求，为企业举办了自行监测培训班，不断完善企业自测信息发布平台，并明确要求国家重点监控企业，特别是城市和工业集中式污水处理企业、重点排污企业、火力发电企业应率先开展，重视自行监测和信息的发布工作，提升人员和技术装备手段，及时发布监测结果，接受公众监督，让人民群众拥有更多的环境知情权。

今后，浙江省企业发布的信息范围和内容仍将不断完善，并通过强化监督性监测等日常环境监管工作，进一步提高企业自行监测数据质量。

资料来源：晏利扬、赵晓：《浙江企业自行发布监测信息》,《中国环境报》2013 年 12 月 5 日，第 4 版。

 经验借鉴

2013 年浙江省环保厅在其门户网站推出浙江省企业自行监测信息平台，供企业发布信息，接受社会公众的监督，从而强化企业的自我环境管理，增强企业的社会责任。主要经验有：①企业自行发布数据，更利企业管理。省环保厅门户网站建成全省企业自行监测信息公开统一发布平台，要求纳入国家重点监控的企业，依据国家污染物排放标准、环境影响评价报告要求和企业污染物排放性质编制自行监测方案，开展污染物日常监测，并在企业对外网站、报纸、电视和省市环保部门统一建立的公布平台上公开自行监测方案和监测结果。②信息平台开放端口，具备企业发布和公众查询两项功能。其中，"信息录入"和"统计报表"栏为非开放区域，供企业登陆和发布信息；"数据公开"和"单点查询"为开放区域，供公众查询和了解企业"自行监测方案""自动监测数据"和"人工监测数据"服务。③发布范围和内容将不断完善，为企业举办了自行监测培训班，不断完善企业自测信息发布平台，并明确要求国家重点监控企业，特别是城市和工业集中式污水处理企业、重点排污企业、火力发电企业应率先开展，重视自行监测和信息的发布工作，提升人员和技术装备手段，及时发布监测结果，接受公众监督，让人民群众拥有更多的环境知情权。

八、偷排污水谁来管　店主当"井长"

案例梗概

1. 杭州市下城区针对街边小店向雨水井偷排污水的现象，实行"井长制"进行监管。

2. "井长"上任前，都要接受下城区治水办、区城管局和长庆街道举办的"井长"培训班，"井长"要做到"四报告"和"四到位"。

3. 为让"井长制"长期取得成效，最先试点的长庆街道建立了相关的奖惩激励办法。

4. 下城区为进一步推广"井长制"，将开展十佳"井长"的评选工作。

关键词：政府；雨水井管护；四报告；四到位；井长制

案例全文

黄昌流在浙江省杭州市下城区柳营花园小区周边经营了一家"客家小吃"，他既是店主，也是店门前雨水井的"井长"。自"上任"以来，他努力做好雨水井管护，还没发现偷倒厨余油污、洗碗水等现象。

下城区像黄昌流这样的"井长"，还有 76 位。这些"井长"，其实就是路边雨水井环境管护的责任人。

为什么要管雨水井？小餐饮店向雨水井偷排污水，多次被举报的下城区是杭州的老城区，共辖 8 个街道。在推进治水工作过程中，下城区发现，有一些细节方面的问题值得重视，一些污染源头还没有进行有效治理，特别是沿街的小餐饮店，会向路边的雨水井偷倒厨余油污、洗碗水。这些污水最终流向京杭大运河杭州段的支流——中河和东河，间接造成河道的氨氮、总磷等指标超标，透明度下降，河面油污漂浮，成了河道水质不稳定的原因之一。

2017 年 4 月，下城区长庆街道对辖区内的小餐饮业进行了全面走访摸排。截至 2017 年 8 月，长庆街道的小餐饮、小食品、小蔬菜店"三小"行业共有

58家，其中沿街小餐饮店35家，特别是林司后柳营花园区块小餐饮店比较密集，150米的距离内，有8家餐饮店，5个雨水井。小餐饮店及其他小店，有向路边雨水井偷倒偷排污水的现象，也多次被群众举报过。

如何让"制污者"变成"治污者"？

下城区让餐饮店的负责人来管好自家店门口马路边的雨水井，参与到治水工作中来。2017年6月下城区召开了"井长制"现场推进会。会上，副区长邵伟华、区政协副主席周钢为长庆街道的首批8位"井长"授牌。随即，8家小餐饮店的门口，挂上了"井长公示牌"。

"井长"要做哪些事？"四报告"和"四到位"

前期培训是重要一课。"井长"上任前，都要接受下城区治水办、区城管局和长庆街道举办的"井长"培训班，明白要干什么，怎么干。具体说来，"井长"要做到"四报告"和"四到位"：发现偷倒垃圾要报告、发现偷排油污要报告、发现窨井淤积要报告、发现私接管道要报告；日常巡查检查要到位、日常维护监管要到位、日常劝导宣传要到位、日常发现问题要到位。

"井长"不光做到自己不排污水，还要监督别人，并接受群众对自己的监督。长庆街道8家小餐饮店门口挂的"井长公示牌"上写有"井长"名字、投诉电话及"井长"职责。店门前的雨水井，也一一进行编号。他们中有的一家店管一个井，有的两家店共管一个井。

小餐饮店转让现象较为普遍，这是否会影响"井长制"的实施？

"店主变了，'井长'的责任不会变。我们会和其他管理单位一起，监督新老'井长'的交接，及时对新'井长'进行培训。"长庆街道城管科负责人表示。

长庆街道的首批8位"井长"授牌后，其他7个街道也相继设立雨水井专人负责制，并为"井长"授牌。目前，下城区共计有77个"井长"先后上岗。

如何进行长效管理？建立奖惩办法，并为厨余废水寻找出路

据下城区"五水共治"办介绍，这些"井长"上任后，基本做到了管好自己，规劝别人，到目前还没有发现偷倒污水现象。

如何让"井长制"长期取得成效？最先试点的长庆街道建立了相关的奖惩激励办法，对不履行"井长"职责，顶风偷倒、偷排油污的经营户将按相关法规予以处罚。按照有关处罚条例，在雨水井里偷排餐饮污水，最少罚款1200元，最高可达几十万元。但对认真履职的"井长"，将给予一定的奖励。

长庆街道还专门成立了市场周边环境整治的安保队伍，在长庆街与林司后交叉口设立了保安岗，时刻巡查和管理。数字城管更是24小时监控，一经发现有偷倒污水现象的，立即取证上报执法中队查处。

多渠道解决厨余废水的出路，也是长效管理的一环。为此，有的街道聘请了专业公司定期上门回收，为小餐饮店解决了泔水回收问题；有的上门对餐饮店的废水进行了水质检测，对符合条件有能力的餐饮店，让其厨余废水通过市政污水管网排放。

下城区为进一步推广"井长制"，遏制通过雨水井排污的问题，还开展了十佳"井长"的评选工作。

资料来源：钟兆盈：《小餐饮店向雨水井偷排污水谁来管？杭州下城区店主当"井长"》，《中国环境报》2017年8月10日，第5版。

 经验借鉴

在推进治水过程中，杭州市下城区针对街边小店向雨水井偷排污水的现象，实行"井长制"进行监管，让"制污者"变成"治污者"。主要经验有：①向餐饮店的负责人授予"井长公示牌"，并进行培训。"井长"上任前，都要接受下城区治水办、区城管局和长庆街道举办的"井长"培训班，明白要干什么，怎么干。具体说来，"井长"要做到"四报告"和"四到位"：发现偷倒垃圾要报告、发现偷排油污要报告、发现窨井淤积要报告、发现私接管道要报告；日常巡查检查要到位、日常维护监管要到位、日常劝导宣传要到位、日常发现问题要到位。而且"店主"变了，"井长"的责任不会变。②建立奖惩办法，实行长效管理。对不履行"井长"职责，按照有关处罚条例，

最少罚款1200元，最高可达几十万元；对认真履职的"井长"，给予一定的奖励。同时，专门成立市场周边环境整治的安保队伍，时刻巡查和管理。数字城管更是24小时监控。此外，多渠道解决厨余废水的出路，也是长效管理的一环。聘请专业公司定期上门回收，对餐饮店的废水进行水质检测，对符合条件有能力的餐饮店，让其厨余废水通过市政污水管网排放。

九、助力环境治理　迈向排污权资产化时代

 案例梗概

1. 玉环县是浙江省首个排污权资产化县级试点城市。

2. "排污权"将成为企业的一项固定资产，"激活"后可以为企业新增一条融资渠道。

3. 排污权资产化将环保概念与钱袋子挂钩，企业也将自觉提升生产工艺、减少废气废水排放，从被动应付转变为主动履行责任。

4. 玉环市环保局积极推行"绿色信贷"，企业的环保守法情况也成为审批贷款的必备要件之一。

5. 排污权指标拍卖对解决玉环电镀企业总量瓶颈，倒逼企业污染减排，加快促进转型升级有着重要意义。

关键词：排污权；绿色金融通道；绿色信贷；排污权资产化；绿色发展

 案例全文

在玉环，排污权不仅仅是一份证书，它能拍卖，也能质押贷款。2018年1月17日，浙江省首个排污权资产化县级试点城市落地玉环，试点将以提高环境资源配置效率、促进污染减排、改善环境质量为目标，通过落实固定污染源排污许可制，强化区域污染总量控制，构建能够反映环境资源稀缺程度、供求关系和污染治理成本的排污权价格体系。

开通绿色金融通道，破解企业融资难题

当拿到 50 万元贷款时，玉环精雅金属配件有限公司的负责人王海招没有想到，当初只花 1 万元买来的排污权能派上这么大的用场。

"不需要厂房抵押，也不要担保人担保，排污权就可以拿来质押贷款。"王海招喜上眉梢，此前一直困扰着他的生产资金问题终于得以解决。

据了解，这是台州首笔排污权质押贷款，玉环农商银行也由此成为台州第一家发放排污权质押贷款的银行。这意味着，曾经让企业家又爱又恨又无奈的"排污权"将成为企业的一项固定资产，"激活"后可以为企业新增一条融资渠道，切实减轻企业的融资成本负担。

排污权质押贷款是玉环农商银行联合玉环市环保局创新推出的金融产品，持有合法排污许可证的企业可以将自有的、依法可转让的排污权进行质押，申请用于企业内部环境治理设施升级改造和运行成本投入的贷款，贷款手续简便，利率较低，无须另外提供担保或抵押，大大降低了中小企业融资难度。

"精雅金属"这笔贷款的成功发放，在玉环起到了良好的示范作用，不仅让企业认识到排污权不再只是企业的成本负担，而是一种可流动的资产。下阶段，玉环市环保局将扩大排污权质押贷款的受益面，不断加大信贷资金投入力度，为全市中小企业提供优质便捷的金融服务。

"一般来说，企业要想取得排污权质押贷款，前提条件是必须获取排污权许可证，目前玉环只有 300 来家企业拥有排污许可证，离全覆盖的目标还很远。"玉环市环保局负责人说："排污权资产化将环保概念与钱袋子挂钩，企业也将自觉提升生产工艺、减少废气废水排放，从被动应付转变为主动履行责任。这与党的十九大报告提出的'构建市场导向的绿色技术创新体系，发展绿色金融'目标相符合。"

与此同时，玉环市环保局积极推行"绿色信贷"，企业的环保守法情况也成为审批贷款的必备要件之一，环境违法企业贷款将受到限制。

从发放首笔排污权质押贷款到成为浙江省排污权资产化试点城市，玉环市环保局的排污权资产化初具雏形。2017 年 12 月 27 日，中国人民银行玉环县支行、玉环市环保局联合印发《玉环市排污权质押贷款管理暂行办法（试行）》，并推出"环资贷"融资产品。进一步规范了玉环市排污权质押贷款的流程，明确排污权质押贷款的对象及相应的基本条件，支持、帮扶通过有偿

使用或交易方式取得排污权的企业进行排污权质押融资，激励企业充分认识环境守法行为的重要性，"贷"动绿色金融发展。

推出金融减碳神器，撬动玉环绿色发展

"砰"，当玉环市环保局于玉环市公共资源交易中心敲响成交的那一槌，预示着玉环市环保局推动着排污权在资产化这条道路上又迈出了一大步。据悉，这也是台州首次以拍卖的形式把排污权推向市场。

经核算，此次拍卖排污权总量起拍市场价为 9.48 万元，最终总成交价为51 万元，最高一笔成交金额为 2.45 万元，其中化学需氧量成交价为 1.9845 万元，溢价率为 935%；氨氮成交价为 0.4655 万元，溢价率为 934%。

"本次拍卖所得金额将主要用于开展环境污染防治工作。我们也希望通过这样一种新的形式倒逼企业转型升级。"玉环市环保局相关负责人表示，此次排污权指标拍卖选择的是电镀行业，对解决玉环电镀企业总量瓶颈，倒逼企业污染减排，加快促进转型升级有着重要意义。通过本次拍卖，让排污权成为一种可流通可交易可转让的有价资产，充分激发企业主体和社会各界参与环境治理的主动性积极性，也是为玉环市"五水共治"添砖加瓦。

随着第一期政府储备排污权指标拍卖的圆满落幕，排污权二级市场迅速活跃，企业关注排污权指标总量控制和污染减排意识明显高涨。据统计，玉环市电镀行业 2017 年 12 月废水排放总量同比 2016 年减少 4 万多吨，同期相比下降 33%。

2018 年以来，玉环市地表水高锰酸盐指数、氨氮、总磷等指标分别大幅削减 30%、70%、70% 以上，河道重金属超标现象全面消除，重点饮用水源地水质达标率 100%。18 个河道自动监测点监测数据显示 15 个点位水质改善显著，在台州率先完成全部 7 个县控以上断面消劣，875 条列入整治的小微水体达到消劣标准，全域剿劣工作顺利通过台州市验收，治水考核总体保持前茅。

下阶段，玉环市环保局将对该市电镀企业的刷卡排污数据进行调整。届时将启动总量跟踪机制，对电镀企业总量排放实施远程监控，一旦企业涉嫌超总量排放，即刻责令停止排污行为，强制实施刷卡排污设备关阀措施。

值得一提的是，自开始探索排污权资产化试点工作以来，玉环排污权租

赁和转让市场气氛也非常活跃，截至 2018 年 1 月共交易 18 笔，总金额达52.05 万元。

无论是贷款质押，还是拍卖转让，玉环市环保局对排污权的资产化探索已经走在了前列。自然资源无偿使用的时代已经过去，环境治理也将通过政府强制推进，向市场经济的宏观调控发展，这也将进一步激发提高社会各界对环境治理的新意识。

资料来源：罗亚妮、徐子渊、刘瑶、郭健：《助力环境治理　迈向排污权资产化时代》，《浙江日报》2018 年 1 月 25 日，00015 专版。

 经验借鉴

玉环作为浙江省首个排污权资产化县级试点城市，在提高环境资源配置效率、促进污染减排、改善环境质量方面，取得了巨大成效。玉环通过落实固定污染源排污许可制，强化区域污染总量控制，构建能够反映环境资源稀缺程度、供求关系和污染治理成本的排污权价格体系。具体经验主要有：①排污权质押贷款，破解企业融资难题。玉环农商银行是台州第一家发放排污权质押贷款的银行，将"排污权"转变为企业的一项固定资产，"激活"后可以为企业新增一条融资渠道，是一种可流动的资产，切实减轻企业的融资成本负担。中国人民银行玉环县支行、玉环市环保局联合印发《玉环市排污权质押贷款管理暂行办法（试行）》，并推出"环资贷"融资产品。进一步规范了玉环市排污权质押贷款的流程，明确排污权质押贷款的对象及相应的基本条件，支持、帮扶通过有偿使用或交易方式取得排污权的企业进行排污权质押融资，激励企业充分认识环境守法行为的重要性。与此同时，玉环市环保局积极推行"绿色信贷"，企业的环保守法情况也成为审批贷款的必备要件之一，环境违法企业贷款将受到限制。②排污权拍卖，推动社会绿色发展。让排污权成为一种可流通可交易可转让的有价资产，充分激发企业主体和社会各界参与环境治理的主动性积极性。总之，无论是贷款质押，还是拍卖转让，玉环市环保局对排污权的资产化探索已经走在了前列。环境治理也将通过政府强制推进，向市场经济的宏观调控发展，进一步激发提高社会各界对环境治理的新意识。

十、"环境执法 +"模式 生态环境质量改善为核心

案例梗概

1. 丽水市环境监察支队积极推行"环境执法 +"系列工作新模式。
2. 推行"执法 + 整改"模式，深化中央环保督察整改。
3. 推行"执法 + 服务"模式，打造服务型环境执法队伍。
4. 推行"执法 + 监管"模式，提升环境执法监管水平。

关键词："执法 + 整改"模式；"1+1+N"整改工作体系；"执法 + 服务"模式；"问企"服务活动

案例全文

2018 年，污染防治攻坚战在浙江全面打响。丽水市环境监察支队认真贯彻上级的各项工作部署，以属地环境质量改善为核心，以落实中央环境保护督察整改工作为契机，以环境监察执法工作为基础，积极推行"环境执法 +"系列工作新模式，为建设美丽浙江大花园的最美核心园提供优良的生态环境质量保障。

一是推行"执法 + 整改"模式，深化中央环保督察整改。

在办结完成中央环境保护督察组交办的 33 批 250 件信访件后，丽水还在督察整改"回头看"时，自我加压，强化"1+1+N"的整改工作体系。

第一个"1"是全市整改工作总方案，第二个"1"是整改方案的任务清单，"N"则是根据任务清单，将相关工作落实到各地各部门，并要求细化出具体的整改实施方案，建档立案，明确目标、倒排进度、落实责任、限时

销号。

丽水市还适时启动市级环保督查问政，同时对各地各部门落实中央环保督察整改工作进一步开展专项执法检查，如违规新增燃煤小锅炉淘汰进程，部分生活垃圾填埋场垃圾渗滤液处置等五方面问题。

二是推行"执法＋服务"模式，打造服务型环境执法队伍。

在日常执法巡查中，通过提醒、警示等方式，将执法工作前置化，加大宣传教育力度，实行处罚与教育相结合，进一步提高企业主自觉守法意识。

同时积极开展"问企"服务活动。在日常巡查或抽查活动中，组织执法干部入企开展问诊把脉服务工作，通过向企业剖析其环境违法问题或同行被处罚的案例，解释说明企业需要改进的技术标准，帮助企业解决环保技术难题。

另外，建立信访与执法一体化机制，在省生态环境厅统一部署下，推进信访"最多跑一次"改革，加快环境信访信息系统与浙江省统一政务咨询投诉平台的融合。

三是推行"执法＋监管"模式，提升环境执法监管水平。

围绕最顶格的生态标准、最严格的生态治理、最科学的生态制度"三个最"目标，形成更为强劲的执法威慑，进一步改善大气环境质量，确保年内所有工业园区污水实现"零直排"，强化土壤污染治理与管控，不断增强人民群众的获得感。

此外，充分发挥环境执法与司法联动机制的作用。年底实现县级环保与公、检、法部门联络机构的全覆盖，进一步完善双方联席会议、案件移送、案件会商、联合调查、信息共享等工作机制。

丽水市区充分发挥环境执法终端作用，在市级层面先行先试，将执法终端及软件率先配置到公、检、法三部门的具体经办人手上，确保司法机关能在第一时间掌握案件线索、获悉案件进展、介入联合行动，并及时曝光典型环境违法案件。

资料来源：董浩：《丽水推行"环境执法＋"模式以属地生态环境质量改

善为核心》,《中国环境报》2018年4月9日，第8版。

 经验借鉴

丽水市环境监察支队以属地环境质量改善为核心，以落实中央环境保护督察整改工作为契机，以环境监察执法工作为基础，积极推行"环境执法+"系列工作新模式，主要经验有：①推行"执法+整改"模式，深化中央环保督察整改，强化"1+1+N"的整改工作体系。第一个"1"是全市整改工作总方案，第二个"1"是整改方案的任务清单，"N"则是根据任务清单，将相关工作落实到各地各部门，并要求细化出具体的整改实施方案，建档立案，明确目标、倒排进度、落实责任、限时销号。②推行"执法+服务"模式，打造服务型环境执法队伍。加大宣传教育力度，实行处罚与教育相结合，同时积极开展"问企"服务活动，另外，建立信访与执法一体化机制，在省生态环境厅统一部署下，推进信访"最多跑一次"改革，加快环境信访信息系统与浙江省统一政务咨询投诉平台的融合。③推行"执法+监管"模式，提升环境执法监管水平。充分发挥环境执法与司法联动机制的作用。实现县级环保与公、检、法部门联络机构的全覆盖，进一步完善双方联席会议、案件移送、案件会商、联合调查、信息共享等工作机制。

十一、怎么监管园区企业？

 案例梗概

1. 临海医化园区相继开展了"园区环境综合整治""园区废气整治年"等活动，借此深入推进园区环境整治工作。
2. 保持环境执法高压态势，建立环保、公安、检察、司法联动机制，对环境违法违规行为"零容忍"。
3. 专门开展"三废"专项治理活动，建立弹性工作制，全天候监管园区企业的"三废"排放。

4. 全面树立循环经济发展理念，提升"管道化、密闭化、自动化、智能化"生产水平，打造转型升级绿色发展的样板。

关键词：抓住重点综合整治；保持执法高压态势；"三废"专项治理活动；弹性工作制

 案例全文

近年来，浙江省台州临海医化园区相继投资 5000 多万元建成了排污在线监控系统和刷卡排污总量控制系统，对医化、电镀、合成革等行业实行排污总量控制全覆盖。

据了解，为防止企业对在线监控设施的干扰，园区把所有企业的在线监控房一律移出厂外，并且增设等比例采样仪，统一安装视频监控，实现排污全线可见，管道水质直接可视。

企业在排放污水前，需经取样检测合格后方可排放，在排放过程中，执法人员通过在线监控系统进行监控，并派遣专人随机抽取水样，一经发现超标，立即采取停排措施，实施停产整治。

2014~2015 年，临海医化园区相继开展了"园区环境综合整治""园区废气整治年"等活动，借此深入推进园区环境整治工作。2015 年临海医化园区重点对 63 家涉污企业进行废气整治，累计投入改造资金约 2.63 亿元，完成车间改造 169 个，关停车间 51 个，VOCs 排放总量削减了 1655.26 吨、削减比例达 9.1%。

同时保持了环境执法高压态势，建立环保、公安、检察、司法联动机制，对环境违法违规行为"零容忍"。2016 年还专门开展了"三废"专项治理活动，建立了弹性工作制，全天候监管园区企业的"三废"排放，全年共执法检查企业 1100 余家次，其中利用夜间、周末、节假日等非上班期间的错时执法 68 次，检查企业 356 家次，实施飞行监测 80 余家次，共立案处罚 23 件，其中涉及刑事 1 件、实施行政拘留 1 件。

临海医化园区管委会相关负责人表示，下阶段，医化园区将以本次循环化示范试点验收为新起点，认真落实上级要求，全面树立循环经济发展理念，提升"管道化、密闭化、自动化、智能化"生产水平，要打造成转型升级绿色发展的样板，为医化产业的发展提供可复制的模板。

资料来源：杨金国、晏利扬：《"绿色药都"渐显风貌》，《中国环境报》2017 年 7 月 26 日，第 7 版。

 经验借鉴

本篇案例讲述的浙江省台州临海医化园区，全面树立循环经济发展理念，为园区监管提供了可复制的模板。主要经验有：①建成排污在线监控系统和刷卡排污总量控制系统，对医化、电镀、合成革等行业实行排污总量控制全覆盖。②将园区企业的在线监控房一律移出厂外，并且增设等比例采样仪，统一安装视频监控，实现排污全线可见，管道水质直接可视。③企业在排放污水前，需经取样检测合格后方可排放，在排放过程中，执法人员通过在线监控系统进行监控，并派遣专人随机抽取水样，一经发现超标，立即采取停排措施，实施停产整治。④相继开展了"园区环境综合整治""园区废气整治年"等活动，借此深入推进园区环境整治工作。⑤保持环境执法高压态势，建立环保、公安、检察、司法联动机制，对环境违法违规行为"零容忍"。开展"三废"专项治理活动，建立了弹性工作制，全天候监管园区企业的"三废"排放，利用夜间、周末、节假日等非上班期间的错时执法，实施飞行监测。

十二、"亩均论英雄"改革推动高质量发展

 案例梗概

1. 浙江省政府发布《关于深化"亩均论英雄"改革的指导意见》，创新环境监管模式。

2. 为浙江省破解土地空间和环境容量满负荷载重难题指明了新的方向。

3. 只有亩产效益高的企业才能得到政策倾斜，以此解决过往多年资源要素配置中的错配、低配问题。

4. 集中资源大力发展"亩产效益"优势产业，加快培育先进制造业集群，合理推进区

域生产力布局和重大基础设施建设。

5. 建立健全生态环境财政奖惩制度。

关键词：区域"亩产效益"；资源要素市场化配置；正向激励和反向倒逼；产业转型升级；生态环境财政奖惩制度

 案例全文

过去，"亩产"是衡量农民种地水平的术语。而在浙江的改革实践中，"亩产"的概念首次被用于描述 GDP、工业增加值、污染等指标，鼓励企业用最小的单位土地资源消耗实现工业产出的最大化，成为吃得少、产蛋多、飞得远的"俊鸟"。

浙江省政府日前发布《关于深化"亩均论英雄"改革的指导意见》（以下简称《意见》），要求将深化"亩均论英雄"改革作为转变发展方式、优化经济结构、转换增长动力的有力抓手，为加快实现经济高质量发展奠定坚实基础。

"亩均论英雄"改革，破解土地空间和环境容量满负荷载重难题

在"七山一水二分田"的浙江，如何优化资源要素配置，让其发挥更大效益，一直是发展的紧迫命题。一场源于十多年前的改革，成为解决这个问题的"良方"。

早在 2006 年，浙江省绍兴县（现柯桥区）就提出"亩产论英雄"理念，并初步建立以节约集约用地、节能降耗减排为重点的企业"亩产效益"导向、约束和评价机制。在探索实践中，绍兴县对占全县工业污水排放总量 90% 的印染化工企业出台了以"吨排污指标财政贡献率"论英雄的环保新政，利用环保倒逼机制，调动企业积极性，强化企业主体责任，既优化了公共资源，也为落后产能的淘汰提供了衡量标准。

截至 2017 年，浙江省已经在全国率先完成 11 个设区市、89 个县（市、区）、31 个制造业行业以及 88661 家用地 5 亩以上工业企业"亩产效益"综合

评价工作，89 个县（市、区）全部执行资源要素差别化配置政策，部分地区率先做到工业企业全覆盖。

然而，发展资源"瓶颈"也在不断凸显。据了解，浙江省土地、能源、环境容量等要素较十多年前更为紧缺。2017 年数据显示，全省人均耕地面积 0.54 亩，仅为全国平均水平的 1/3；全省万元 GDP 能耗 0.44 吨标准煤，"十三五"规划期间新增用能空间非常有限。

要实现高质量发展，这一情况必须改变。而《意见》的出台，为浙江省破解土地空间和环境容量满负荷载重难题指明了新的方向。

浙江省"亩均论英雄"改革目标为：经济发展质量和效益明显提升，区域"亩产效益"达到全国领先水平，规模以上工业亩均增加值、亩均税收、劳动生产率增速均高于工业平均增速，单位能耗增加值、单位排放增加值年均分别提高 4% 以上，研究与试验研发（R&D）经费支出占主营业务收入之比提高到 1.5% 以上；产业结构不断优化，先进制造业和现代服务业在国际产业分工和价值链中的地位明显提升，加快形成质量高、效率优、创新强、体制活、协调性好的具有浙江特色的现代化经济体系。解决错配低配问题，推动土地、用能、排污权等资源要素向高产区域、高端产业和优质企业集中。

一边是土地要素紧缺制约好项目、大项目投入，另一边是原来的一些工业土地产出和效益较低，如何解决这个矛盾？《意见》将评价范围从工业领域向特色小镇和服务业领域延伸，推动土地、用能、排污权等资源要素向高产区域、高端产业和优质企业集中。

《意见》明确，到 2020 年，全省所有工业企业和规模以上服务业企业（不含批发零售住宿餐饮、银行证券保险行业和房地产开发），以及产业集聚区、经济开发区、高新园区、小微企业园区、特色小镇（不含历史经典产业特色小镇）全面实施"亩产效益"综合评价。

正向激励和反向倒逼，"亩均论英雄"正发挥着指挥棒作用，与"亩产效益"综合评价制度相匹配的资源要素市场化配置也得到全面完善。《意见》指出，在切实推进降本减负的基础上，政府可依据企业"亩产效益"综合评价结果，依法依规实施用地、用电、用水、用气、排污等资源要素差别化政策，提升资源要素利用效率。同时，加大资源要素差别化配置和叠加运用，按照"利用效率高、要素供给多"的原则，构建年度用地、用能、排放等资源要素分配与市、县（市、区）"亩产效益"绩效挂钩的激励约束机制。如工业亩均税收低于全省平均水平的，适当减少新增工业用地指标；对单位能耗增加值高的市、县（市、区），在能源消耗总量指标上给予倾斜；对单位排放增加值高的市、县（市、区），在主要污染物总量减排上给予倾斜。

这就意味着，只有亩产效益高的企业才能得到政策倾斜，以此解决过往多年资源要素配置中的错配、低配问题。

建立健全生态环境奖惩制度，加快推动区域经济协调发展

"亩均论英雄"改革也将在推动产业转型升级方面发挥更大的作用。《意见》要求，基于分行业、分区域的"亩产效益"综合评价结果，合理制定针对性强的产业支持政策和区域发展规划，集中资源大力发展"亩产效益"优势产业，加快培育先进制造业集群，合理推进区域生产力布局和重大基础设施建设。

对标国内外先进区域，加快"低产田"改造提升，全面推进传统制造业和各类开发区的改造升级，推动生产性服务业向专业化和价值链高端攀升，坚决打破拖累转型升级的"坛坛罐罐"，合理转移和淘汰不适合继续留在当地发展的产业。

同时，建立健全生态环境财政奖惩制度，按照谁受益谁补偿、谁污染谁付费的要求，在衢州、丽水全域和全省重点生态功能区的县域，全面建立财政奖惩与主要污染物排放总量、出境水质和森林覆盖率挂钩机制，加快推动区域经济协调发展。

资料来源：王雯、晏利扬：《浙江"亩均论英雄"改革推动高质量发展对单位排放增加值高的市、县，在主要污染物总量减排上给予倾斜》，《中国环境报》2018 年 4 月 12 日，第 1 版。

 经验借鉴

2018 年，浙江省政府发布《关于深化"亩均论英雄"改革的指导意见》，创新环境监管模式。主要经验有：①"亩均论英雄"改革，执行资源要素差别化配置政策，破解土地空间和环境容量满负荷载重难题。以绍兴为例，绍兴县对占全县工业污水排放总量90%的印染化工企业出台了以"吨排污指标

财政贡献率"论英雄的环保新政，利用环保倒逼机制，调动企业积极性，强化企业主体责任，既优化了公共资源，也为落后产能的淘汰提供了衡量标准。②正向激励和反向倒逼。到2020年，全省所有工业企业和规模以上服务业企业（不含批发零售住宿餐饮、银行证券保险行业和房地产开发），以及产业集聚区、经济开发区、高新园区、小微企业园区、特色小镇（不含历史经典产业特色小镇）全面实施"亩产效益"综合评价。在切实推进降本减负的基础上，政府可依据企业"亩产效益"综合评价结果，依法依规实施用地、用电、用水、用气、排污等资源要素差别化政策，提升资源要素利用效率。同时，加大资源要素差别化配置和叠加运用，按照"利用效率高、要素供给多"的原则，构建年度用地、用能、排放等资源要素分配与市、县（市、区）"亩产效益"绩效挂钩的激励约束机制。③建立健全生态环境奖惩制度，加快推动区域经济协调发展。建立健全生态环境财政奖惩制度，按照谁受益谁补偿、谁污染谁付费的要求，在衢州、丽水全域和全省重点生态功能区的县域，全面建立财政奖惩与主要污染物排放总量、出境水质和森林覆盖率挂钩机制，加快推动区域经济协调发展。

本篇总结

浙江环境监管模式正以政府为主体向多元监管转型，包含第三方监管、企业自我监管、公众参与监管等，体现政府、企业、公众的合力。在探索多元监管的过程中，有对中央政策的深化，如"双随机一公开"，也有地方的自主创新，如"矫正学堂""井长制"等，体现了浙江特色。

（一）规范第三方监管

嘉兴港区环保局建立环境监管第三方管理模式，为实现全区企业精细化、规范化环境监管，监理团队将企业分为A、B、C三类，建立"一厂一档"制度。针对如何规范第三方环境监测市场，温州市出台了《关于推进温州市环境检测市场化工作的意见》，联合质量技术监督等部门形成管理合力，对辖区内第三方环境检测机构实行星级化全过程动态管理，开展准入管理的能力量化、动态管理的项目量化和年度考核量化。

（二）引导企业自治

嘉兴港区率先成立"大气治理联盟"将化工园区划分为 6 大网格管理区块，36 家企业分别落实到每一个具体网格内。企业成立治气联盟，成员企业带头加大环保投入，相互监督协力治气，活跃在监管第一线。杭州实行"井长制"进行监管，让"制污者"变成"治污者"。

（三）鼓励公众参与

温州市、乐清市三级环保部门相关负责人以及第三方机构技术人员、民间环保组织人员等 20 多人组成试点工作小组，同时还把环保志愿者、环保 NGO 等社会力量动员起来，形成有效互动，引入社会力量参与污染源普查。嘉兴环保局启动的"双随机"执法检查制度，进一步拓展了执法检查公平、公正、公开的方式，进一步加深了公众参与执法的意义。开办环保"矫正学堂"，启动"双随机一公开"执法检查，体现了嘉兴市环保部门在震慑环境违法行为、执法公开透明、保障公众环境知情权等方面的探索，公众参与环保的"嘉兴模式"，推动环境保护多元共治。杭州民间护水者得到了专业化的认证，取得居民的认可和信任。全国首批 100 多名环保志愿者获得了中国环境督导师证书，其中，浙江有 3 位。

（四）信息平台助力多元监管

杭州政府对钱塘江水环境的保护，采取了创新性的监管模式，如打造钱塘江水环境互助信息平台，以及充分利用民间环保组织的监督力量。浙江省环保厅在省环保厅门户网站推出浙江省企业自行监测信息平台，供企业发布信息，接受社会公众的监督，从而强化企业的自我环境管理，增强企业的社会责任，及时发布监测结果，接受公众监督，让人民群众拥有更多的环境知情权。

本篇启发思考题

1. 浙江实行了哪些创新性的监管模式来发动社会力量参与环境监管？

2. 嘉兴港区是如何引导企业进行自我监管的？

3. 玉环是如何利用排污权资产化助力环境监管的？

4. 浙江"亩均论英雄"改革的目标是什么？是如何实践这一目标的？

第三篇

环境监管之环境法治实践

一、铁腕治污倒逼企业转型

 案例梗概

1. 温岭市环保部门加大对环境违法行为的查处力度，环保整治倒逼企业转型升级。
2. 加大行业整合力度，控制污染源，提高企业生产效率。
3. 鼓励企业转型，帮助企业完成整改，实现原地整治提升。

关键词：政府；铁腕治污；企业转型；企业整治；绿色发展

 案例全文

温岭坚持绿色引领发展、整治倒逼转型，近年来对企业污染行为整治力度不断加大。令人欣喜的是，污染减少的同时，不少企业也在整治过程中获得了新生。环保行动倒逼之下，产业实现了转型升级。

2014 年温岭市全年立案查处环境违法案件 142 件，罚款总额达 1157 万元，较 2013 年增加 105.6%。温岭市环保部门加大对环境违法行为的查处力度，综合执法力度居台州首位、全省前列，交出了一份份漂亮的"成绩单"。

新法：钢牙敢啃硬骨头

离地 1.5 米的钢架上，3 条电镀流水线正在静静运行。生产过程中，含铬废水、含镍废水等 7 种污染物顺着流水线下方的管道，分门别类流入专门的处理设施，最后被压铸成污泥，运往专门的处理地点。

这是上马工业园区内，浙江泰源电镀有限公司的生产场景。"环保方面的设备投入 900 余万元，占总的设备投入额 22.5%。"公司负责人陈甫根介绍。

环保设备的投入价值不菲，可是从另一个角度来看，不增加这方面的投入，将意味着企业的出局。

2015 年新《中华人民共和国环境保护法》实施以来，温岭市不断加大环境执法力度，严厉打击了一批环境违法犯罪行为。截至 2015 年上半年，温岭市环保局共做出行政处罚案件 53 件，罚款额 454.6 万元，个案处罚标准达 8.58 万元，并向公安机关移送涉嫌环境违法犯罪案件 12 件。

2014 年 6 月，温岭市环保局、温岭市发改局、温岭市经信局联合发文，对金属表面处理行业设置了严格的准入门槛。企业新建生产线需严格遵守投资规模、选址、清洁生产、环保要求等方面的 16 个要求。

与此同时，淘汰落后产能的行动正在温岭各地开展。截至 2015 年 7 月，温岭全市 18 家电镀企业已关停 12 家，6 家铅酸蓄电池企业全部关停，13 家造纸企业已关停 9 家，2 家印染企业全部关停转产，14 家化工企业已关停 8 家。

嬗变：行业整合的力度

靠海的松门镇，最显著的标志是什么？当地居民会不假思索地告诉你：鱼腥味。如今，这股子味道正在慢慢淡去，原因是当地对鱼粉加工产业的整治。

松门镇原有 10 家鱼粉厂，分布在 4 个村，年产鱼粉近 6 万吨。2014 年年中，温岭市对该产业开展整治。整治的法子不是单纯的关停，而是整合。

该镇 9 家鱼粉加工企业，先是合并成 3 家企业，经过土地招拍挂程序，获得了上马工业园区内 73 亩工业用地。最后，3 家企业又合并成温岭市海博鱼粉有限公司。

合而为一的好处显而易见，"企业搬离了村子，污染也就没了"。当地一位村民说。对执法部门来说，企业整合在一起，便于控制污染源。而对企业来说，则可以"集中力量办大事"。据介绍，新公司总投资 2.8 亿元，其中专门投入 3000 万元，用于治理污染物。整合之后，生产效率也将大幅提高，公司拟投入 10 条生产线，计划年加工鱼粉 5 万吨，预计年销售收入 6 亿元，有望实现利税 7000 万元。

和鱼粉加工产业一样，大溪镇一带的铸造产业，也因行业整合而嬗变。

作为经济产业链之一，铸造业为泵与电机、汽摩配提供基础配件，但同时，周边百姓也因为其污染重、生产环境恶劣而怨声载道。

行业整治过程中，温岭市部渎铸件厂、温岭市郑氏电器配件厂等 4 家企业合而为一，成立浙江颢浩铸件有限公司，搬进了位于大溪镇油屿村的现代铸造园区。

新企业全部采用丹麦进口的新型中频炉流水线，以实现全程封闭式生产，减少污染。

温岭市环保局相关负责人介绍，截至 2015 年 7 月，大溪镇原有的 272 家冲天炉已全部关停，中频炉在年内将整合至 20 家，以实现产业提升。

升级：倒逼出来的转型

位于滨海镇金港开发区的浙江华谱新创科技有限公司，以水、乙醇为原材料，采用全世界最先进的色谱填料技术，生产小颗粒球形硅胶。公司每年排放的污水几乎可以忽略不计。

有谁能想到，这家公司的前身金港精细化工厂，曾是一家污染企业。"以前做低端产业，产品附加值低，看不到市场前景。"企业负责人梁新建说，因为污染，还导致企业一段时间处于被动状态。"越做越没有信心。"2010 年底，梁新建下大决心，干脆推倒重来。经过一段时间准备，2012 年，华谱新创公司创立，高薪引进 16 名博士，组建了色谱材料、分离技术等 4 个研发团队，并在浙江、北京、大连分别建立了生产基地、运营中心和研发中心。

转身，看到了不一样的好风景。如今，公司效益一年比一年好，2014 年，企业销售额超过 2000 万元。华谱新创还与上市公司海正药业合作，合同单额超千万元。"高科技、高附加值产品更能得到社会认可，我们的动力越来越足。"梁新建笑着说。

"除了鼓励企业转型，我们还对一些位置比较合理、污染程度低、工艺水平较高的企业进行原地整治提升。"温岭市环保局相关负责人介绍。企业委托有资质单位编制涉及重污染企业原地整治提升方案，按照方案要求，淘汰落后设备和工艺，完善污染防治措施，积极开展强制性清洁生产审核，达到整治验收标准。

一大批企业实现了"转身"。截至2015年7月，温岭拟保留的6家化工企业中，奥通化工已成功完成转型升级，其余如万邦药业、鱼童新材料等5家企业已完成整改；拟保留的4家造纸企业中，森林造纸已通过整治验收，其余3家已完成整合重组工作。

资料来源：周旻澍：《温岭：铁腕治污倒逼企业转型》，《台州日报》2015年7月25日，第1、2版。

 经验借鉴

温岭坚持绿色引领发展、整治倒逼转型，近年来对企业污染行为整治力度不断加大，综合执法力度居台州首位、全浙江省前列。主要经验有：①加大对环境违法行为的查处力度，同时淘汰落后产能。温岭市环保局、温岭市发改局、温岭市经信局联合发文，对金属表面处理行业设置了严格的准入门槛。企业新建生产线，需严格遵守投资规模、选址、清洁生产、环保要求等方面的16个要求。②加强行业整合的力度。对污染企业不是单纯的关停，而是整合，控制了污染源也提升了生产效率。③环保倒逼企业转型，同时，对位置比较合理、污染程度低、工艺水平较高的企业进行原地整治提升，淘汰落后设备和工艺，完善污染防治措施，积极开展强制性清洁生产审核，达到整治验收标准。

二、最严执法向违法企业亮剑

 案例梗概

1. 诸暨市构建全覆盖的水陆空立体式环境监测体系，全面提升环境监管能力。

2. 探索创新惩戒机制，建立企业"黄红黑"名单。

3. 加快推进生态环境损害赔偿制度改革。

4. 开展以环保"黑名单"制度为核心的环境信用评价体系，为企业评定环境行为信用等级。

5. "变频执法"杜绝企业弄虚作假，新增随机抽查时间和区域，杜绝企业利用环保部门定期检查制度偷排漏排的可能。

6. 建立在线监测监控信息化平台，覆盖汽车尾气、河道状况、畜禽养殖、农村生活污水等污染源。

关键词："黄红黑"名单；变频执法；探索创新惩戒机制

 案例全文

为打造环境执法最严县市，近年来，诸暨市构建全覆盖的水陆空立体式环境监测体系，全面提升环境监管能力。特别是 2015 年新的《中华人民共和国环境保护法》实施以来，诸暨市打响史上最大规模的环境执法攻坚战，严厉打击环境违法行为。

2017 年的前 11 个月，诸暨市开展环保"亮剑"专项执法行动，共出动执法人员 14097 人（次），检查企业 5939 家（次），立案 1000 余起，申请法院强制执行 77 起，移交公安行政拘留 22 起 52 人，刑事强制 16 起 96 人，执法力度位居浙江省前列。

为 46 家重点企业评定环境行为信用等级

从违法企业名单可以看出，违法行为主要集中在超标排放水污染物、不正常使用大气污染防治设施、擅自倾倒工业固体废物、无证排污等方面。一家新材料公司涉嫌产生含挥发性有机物废气过程，虽密闭生产但未安装污染物防治设施，因此被罚款 8 万元。一家包装印刷厂因无证排污、拒不停排，企业相关负责人被移送公安行政拘留。一家铜加工厂因不正常使用大气污染防治设施，被罚款 10 万元以上，环保部门还对这家企业开出了"红牌"。

诸暨市环保局负责人介绍，"今年 5 月 1 日起，《诸暨市环境违法亮牌管理办法（试行）》实施，目前两批 38 家环境违法企业被列入'黄红黑'名单，其中黑牌 1 家、红牌 9 家、黄牌 28 家"。对一般违规企业，给予黄牌警告，在媒体公布；对红牌企业，一律停办环保审批手续，并加密监测次数；对黑牌企业，除上述惩戒外，还将企业及法人作为失信"老污"予以公示，并联合税务、银行等 10 余个部门共同惩戒。

为打造环境执法最严县市，诸暨市不断探索创新惩戒机制，环境违法亮牌管理办法的施行，保障了铁腕执法。同时，诸暨市加快推进生态环境损害赔偿制度改革，与市检察院深入交流、共同探索，截至 2017 年 10 月已有 7 家涉嫌环境污染罪企业缴纳生态损害赔偿金，共计 112 万元。

以环保"黑名单"制度为核心的环境信用评价体系建设正在开展中，按照"一企一档"原则，为全市 46 家市控以上重点企业评定环境行为信用等级。对信用缺失现象严重或社会影响恶劣的企业，定期在媒体曝光，并在政府资金奖补、优惠政策等方面实行"一票否决"。

"变频执法"杜绝企业弄虚作假

2017 年 10 月，诸暨市环保局执法人员突击检查了一水泥厂，发现这家企业在监控探测器上做手脚，影响了在线监控数据，企业相关负责人因涉嫌污染环境罪被移送公安机关。

偷排、暗排一直是环境监察的难点。一些违法企业甚至与执法部门玩起了"猫鼠游戏"以逃避监管。为此，诸暨市环保局在原有重点污染源随机抽查确定企业和检查人员的基础上，新增随机时间和区域，杜绝企业利用环保部门定期检查制度偷排漏排的可能。"变频"检查之下，近年来诸暨共查获 10 多起污染源自动监控弄虚作假案件，其中两起案件的处理受到环境保护部通报表彰。

此外，诸暨市还建成覆盖汽车尾气、河道状况、畜禽养殖、农村生活污水等污染源的在线监测监控信息化平台。2017 年，诸暨市新增水质自动监测站 14 个、空气自动监测站 8 个，实现空气质量监测 27 个镇街全覆盖，绍兴市级水质考核 17 个断面全自动监测。通过信息化平台 24 小时紧盯污染源，极大地震慑了污染企业。

资料来源：马青华、严嘉佳、周兆木：《最严执法向违法企业亮剑　今年

以来，立案 1000 余起，移送公安机关 148 人》，《中国环境报》2017 年 10 月 31 日，第 7 版。

 经验借鉴

　　诸暨市构建全覆盖的水陆空立体式环境监测体系，全面提升环境监管能力，执法力度位居浙江省前列。主要经验有：①探索创新惩戒机制，建立"黄红黑"名单。对一般违规企业，给予黄牌警告，在媒体公布；对红牌企业，一律停办环保审批手续，并加密监测次数；对黑牌企业，除上述惩戒外，还将企业及法人作为失信"老污"予以公示，并联合税务、银行等 10 余个部门共同惩戒。②加快推进生态环境损害赔偿制度改革。③开展以环保"黑名单"制度为核心的环境信用评价体系，为企业评定环境行为信用等级。按照"一企一档"原则，为全市 46 家市控以上重点企业评定环境行为信用等级。对信用缺失现象严重或社会影响恶劣的企业，定期在媒体曝光，并在政府资金奖补、优惠政策等方面实行"一票否决"。④"变频执法"杜绝企业弄虚作假，诸暨市环保局在原有重点污染源随机抽查确定企业和检查人员的基础上，新增随机时间和区域，杜绝企业利用环保部门定期检查制度偷排漏排的可能。⑤建立在线监测监控信息化平台，覆盖汽车尾气、河道状况、畜禽养殖、农村生活污水等污染源。

三、大气污染物案看环境执法

 案例梗概

1. 海宁市欣业钢管有限公司酸洗车间配套的酸雾吸收塔未运行，导致酸雾排放污染大气。

2. 对酸雾吸收塔、风机、电控柜等关键证据都进行采集，同时对相关人员开展调查询问，相关线索形成证据链。

3. 海宁市环保局环境执法规范，具有典型意义。

关键词:《中华人民共和国大气污染防治法》; 新《中华人民共和国环境保护法》; 程序

 案例全文

2017 年 8 月 29 日，浙江省海宁市环保局执法人员对海宁市欣业钢管有限公司进行检查发现，该企业东厂区酸洗车间正在生产，配套的酸雾吸收塔未运行，且电机与风机间传动带脱落。经现场进一步核实，该酸雾吸收塔因电控柜故障已无法正常运行。

上述行为有现场勘查笔录、现场勘查照片、调查询问笔录、营业执照复印件、身份证复印件等证据为凭。

8 月 29 日，执法人员对该企业下达了责令改正违法行为决定书［海环责改（2017）08003 号］，启动按日连续处罚程序。同时报请局领导审核，对该企业涉嫌通过逃避监管的方式排放大气污染物的违法行为予以立案调查。

当日，执法人员对该企业环保负责人沈华峰、东厂区车间主任平建良、污水操作工顾玉金就上述行为进行调查询问，被调查人均表示情况属实。

8 月 30 日，海宁市环保局执法人员对该企业总经理郑志浩就上述行为作了进一步调查询问，其表示情况属实。

经调查，该企业员工顾玉金在案发前一周发现酸雾吸收塔出现故障，立即上报车间主任平建良。平建良组织机修工人进行维修，在确认无法修复后由机修工人上报采购部，采购部至今未完成采购，酸雾吸收塔停运至今，在此期间酸洗车间未落实停产措施。

9 月 21 日，经海宁市环保局案审小组审议，该企业违法事实清楚，证据确实、充分，适用法律正确，拟罚款 15 万元整。因罚款数额超过 10 万元整，提交局班子会议讨论。

9 月 30 日，经局班子审核，下发行政处罚听证告知书［海环听告（2017）76 号］，并于 10 月 11 日送达该企业。当日，该企业向海宁市环保局提交一份申辩函，要求从轻处罚。

10 月 31 日，根据当事人提供的情况，海宁市环保局再次审议，维持原处罚决定。

11 月 1 日，海宁市环保局依法下发行政处罚决定书［海环罚字（2017）118 号］，于 11 月 3 日送达这家企业。

《中华人民共和国大气污染防治法》第二十条第二款规定"禁止通过偷排、篡改或者伪造监测数据、以逃避现场检查为目的的临时停产、非紧急情况下开启应急排放通道、不正常运行大气污染防治设施等逃避监管的方式排放大气污染物"；根据第九十九条"违反本法规定，有下列行为之一的，由县级以上人民政府环境保护主管部门责令改正或者限制生产、停产整治，并处十万元以上一百万元以下的罚款；情节严重的，报经有批准权的人民政府批准，责令停业、关闭；通过逃避监管的方式排放大气污染物的，处十万元以上一百万元以下的罚款"。

同时，根据 2015 年执行的《中华人民共和国环境保护法》第六十三条第三项规定，该企业未运行酸雾吸收塔且未落实停产措施的行为，符合"污染物处理设施发生故障后，排污单位不及时或者不按规程进行检查和维修，致使处理设施不能正常发挥处理作用的"情形，属于不正常使用大气污染防治设施，其行为具有逃避监管的性质。

按照《嘉兴市环保行政处罚自由裁量基准》相关规定，一方面因该企业在 12 个月内实施不同类环境违法行为［2017 年 5 月 22 日，因违反规定设置排污口罚款 6.8 万元，海环罚字（2017）33 号］，情节上需加重处罚；另一方面该企业案发后积极按照要求整改，落实相应整改措施，同时建立相应工作制度，应当作为有利的情节重点考虑。不仅要看违法行为的损害程度，还要看改正行为的修复程度，比较违法所损和改正所得之间存在的差距。

综合考虑该企业违法行为的事实、性质、情节和危害后果，海宁市环保局最终罚款 15 万元整。

根据《中华人民共和国环境保护法》规定，通过逃避监管的方式排放污染物的行为还应启动配套办法。

一是移送适用行政拘留。针对本案，尚不构成犯罪，但因其逃避监管的性质，海宁市环保局依法做出行政处罚决定后，将本案移送公安机关处理。

二是启动按日连续处罚程序。以坚持教育与处罚相结合为原则，以引导和督促排污者及时改正环境违法行为为目的，《中华人民共和国环境保护法》提出按日计罚的概念。

本案中，8 月 29 日执法人员即下发责令改正违法行为决定书［海环责改

（2017）08003号〕。8月30日，海宁市环保局依法对该企业进行复查。检查时酸洗车间正在生产，酸雾吸收塔运行中，且吸收液经测试呈碱性，按日计罚程序终止。

本案目前已执行到位，予以结案。

资料来源：吴峰：《设备损坏正在维修不是从轻处罚理由——从海宁市欣业钢管有限公司通过逃避监管的方式排放大气污染物案看环境执法》，《中国环境报》2018年5月1日，第8版。

 经验借鉴

本案例是一堂生动的环境法治课。该案例典型意义在于：①数法并施。以《中华人民共和国环境保护法》为基础，《大气污染防治法》为手段，辅之以配套办法，法律适用思路清晰，环环相扣。②证据充分。此类环境违法案件查处难度较大，尤其是证据采集方面。本案对酸雾吸收塔、风机、电控柜等关键证据都进行了采集，同时对总经理、环保负责人、车间主任、污水操作工等均开展了调查询问，相关线索形成了证据链，整个案件更加丰满、立体。③程序到位。本案在现场勘查、证据采集、调查询问过程中均有两名执法人员，规范佩戴执法证件，且所取得的证据均由被调查人签字确认情况属实。另本案在违法行为改正通知书、听证告知书、处罚决定书等法律文书送达时也均有两名执法人员在场，同时在时效方面也把握得当。④处罚得当。充分考虑客观行为所造成的损失，较之主观改正行为所带来的收益，并且严格落实集体审议制度，权衡利弊，依法行政。

四、浙江首例干扰排污自动检测被查

案例梗概

1.最新"两高"司法解释出台后，浙江首例干扰污染源自动监控系统涉及刑事犯罪的案件。

2. 造纸企业利用江水稀释废水，使自动监测设备排放污染物指标失真。

3. 杭州市在重点环保单位的排污口都安装了污染源自动监控系统，可以 24 小时不间断监视企业的日常排污行为。

4. 杭州市环境监察支队与市公安局环食药支队开展联动，公安人员马上到达现场，固定证据。

5. 涉事企业一家涉嫌环境污染犯罪，另一家根据相关法规，涉及行政拘留。

关键词：政府；治理污水排放；加强监管；绿色管理

 案例全文

"企业里的消防泵打开了，抽取富春江江水稀释超标废水，使废水化学需氧量（COD）浓度低于平常排放水浓度 40 倍！这是犯罪！"2017 年 3 月，杭州市环境监察支队在富阳区灵桥镇的 1 家造纸企业突击检查时，发现该企业利用江水稀释废水，使自动监测设备排放污染物指标失真。3 名企业负责人被刑拘，3 人取保候审。该案是最新"两高"（最高人民法院和最高人民检察院）司法解释出台后，浙江省首例干扰污染源自动监控系统涉及刑事犯罪的案件。

杭州市在重点环保单位的排污口都安装了污染源自动监控系统，该系统就像是环保部门安插在排污企业的"眼睛"一样，可以 24 小时不间断监视企业的日常排污行为。

2017 年 3 月初，杭州市环境监察支队在后台发现浙江新胜大控股集团有限公司下属的杭州瑞星纸业有限公司与杭州亚伦纸业有限公司排放水的 COD（化学需氧量，检测污染物的一项指标参数）浓度格外低。"同样的造纸工艺，这家企业排放水的 COD 浓度比其他企业低了几十倍，我们觉得很不正常。"市环境监察支队在线监管科相关负责人说。

3 月 8 日，杭州市环境监察支队会同富阳环保局直奔该企业，发现该企业排污口有清水在排放。原来，该企业打开消防水泵，抽取富春江江水接到排污口排放，稀释了企业正常排放的污水。"经过环保部门取水样送检，发现 COD 浓度仅 100 多毫克/升，但该企业废水 COD 实际浓度是 4000 多毫克/升，差距是 40 倍。污水处理厂要求该企业废水的 COD 浓度低于 800 毫升 / 克才可以排放，正因如此，该企业才会想出稀释废水的方法，这样一来，污染源自动监控系统根本无法采集到企业真实排污数据。

根据"两高"《关于办理环境污染刑事案件适用法律若干问题的解释》第一条第七款规定：重点排污单位篡改、伪造自动监测数据或者干扰自动监测设施，排放化学需氧量、氨氮、二氧化硫、氮氧化物等污染物的，应当认定为"严重污染环境"。杭州瑞星纸业公司为重点排污单位，已涉嫌环境污染犯罪；杭州亚伦纸业有限公司虽然不属于重点排污单位，未涉及犯罪，但也违反了《中华人民共和国环境保护法》第六十三条，根据相关法规，涉及行政拘留。

杭州市环境监察支队第一时间与市公安局环食药支队开展联动，公安人员马上到达现场，固定证据。3 月 25 日，公安部门对该纸业公司进行传唤审查，查明该公司抽取江水稀释超标废水的行为是从 2 月开始的，该行为已涉嫌犯罪。3 名企业负责人被刑拘，3 人取保候审。

资料来源：徐佳、徐夏欣、汪玲：《浙江首例！干扰排污自动检测被查！》，《杭州日报》2017 年 3 月 30 日，第 A11 版。

 经验借鉴

该案是最新两高司法解释出台后，浙江首例干扰污染源自动监控系统涉及刑事犯罪的案件。杭州市在重点环保单位的排污口都安装了污染源自动监控系统，可以 24 小时不间断监视企业的日常排污行为。此案的关键做法在于：①部门联动办案。杭州市环境监察支队第一时间与市公安局环食药支队开展联动，公安人员马上到达现场，固定证据。②执法必严。根据"两高"《关于办理环境污染刑事案件适用法律若干问题的解释》第一条第七款规定：重点排污单位篡改、伪造自动监测数据或者干扰自动监测设施，排放化学需氧量、氨氮、二氧化硫、氮氧化物等污染物的，应当认定为"严重污染环境"。涉事企业一家涉嫌环境污染犯罪，另一家根据相关法规，涉及行政拘留。

五、重拳出击非法采矿

 案例梗概

1. 浙江省义乌市综合行政执法局办结一起未经批准在河道管理范围采砂案件。
2. 核实举报，快速响应，一路追踪。
3. 联合多部门出击，收集关键证据信息。
4. 确定违法事实，做出行政处罚决定。

关键词：政府；非法采砂；行政处罚；源头查处；违法

 案例全文

2017年，浙江省义乌市综合行政执法局苏溪大队经过半个多月的努力，办结了一起未经批准在河道管理范围采砂案件，对某建筑工程有限公司做出罚款5万元的行政处罚。

深夜核实举报，一路追踪发现堆放点

2017年7月26日晚，义乌市综合行政执法局苏溪大队接到举报称，义乌市苏溪镇大陈江邢宅村附近有人在河道边采砂。当日19时57分，执法队员到达举报地点，发现现场有两台挖掘机正在同时作业，其中一台将所挖出的砂子装入一旁等待的重型自卸货车内。

执法队员驾车跟随其中一辆货车，发现货车驾驶员将砂子运至义乌市苏溪镇青春村附近的某砂石加工厂。当日20时28分，执法队员出示行政执法证件后，依法查扣这辆货车，并对堆放地点进行现场检查。

经初步检查，堆放地点位于这家砂石加工厂西南角。执法队员将货车内

所运出的砂石与现场堆放的砂石进行对比后，发现两者都具有同样的水腥臭味，其颗粒大小、颜色一致。

当日 20 时 40 分许，执法队员在该沙场查扣了两辆同样由大陈江运至该砂石加工厂的货车，并将 3 名驾驶员带至苏溪镇派出所，进行询问调查。

究竟谁是当事人，事件变得扑朔迷离。苏溪大队队员对驾驶员程某、杨某、田某分别进行询问后得知，当日该车队共有 4 辆车前往苏溪大陈江拉砂，其中 3 辆车被执法队员查获，截至查获时共运了满满 8 趟砂。每拉完一趟砂，施工单位会在沙场门口给驾驶员一张送货单用作结算运费凭证。

7 月 27 日，执法队员再次前往砂石加工厂，向现场负责人叶某了解情况。据叶某讲述，经他人介绍，7 月 23 日他与一位姓翁的男子签订了一份协议。协议中规定，翁某将苏溪镇蒋宅村—邢宅村大陈江河道清淤工程清理出的污泥和废料包送到加工厂，加工厂根据污泥和废料的利用程度支付部分机械费和运费，并负责洗砂作业，其他一切手续费用由翁某负责。

7 月 28 日，翁某来到苏溪大队接受询问调查时表示，"施工工地的具体项目都由孙某负责的，协议是孙某拿给我签的，我只知道工程产生的污泥和废料需要堆在一个地方，其他都不清楚"。

随后，该建筑工程公司员工孙某来到苏溪大队。执法队员询问他，是否清楚一共运输了多少淤泥砂石到砂石加工厂。孙某表示，因当时记账的工作人员跑了，目前联系不到，底单也找不到，具体多少不清楚。

多部门联合出击，收集关键证据信息

一时之间，案件似乎陷入了困境。眼看着时间流逝，收集证据也越来越困难，执法队员决定换一个思路，直接从清淤工程的施工方查起。

7 月 28 日下午，执法队员来到义乌市苏溪镇镇政府五水共治办公室，查阅项目信息。执法队员根据中标图纸，与现场情况进行对比，收集了非法采砂案的关键证据信息，确定了其非法采砂的大致范围、总量。

据了解，该工程于 6 月 6 日在苏溪招投标中心由义乌某建筑工程公司中标。6 月 28 日，苏溪镇人民政府与其签订施工合同。根据合同规定，该工程公司仅负责对河道内的淤泥进行清理，也就是说，该公司根本未取得采砂许可证，无权对河道内的砂子进行处置。

8月4日，该建筑公司总经理王某来到苏溪大队接受进一步调查处理。王某表示，河道采砂是孙某所为。孙某跟公司汇报说，找到一个场地可以免费堆放淤泥砂石，公司为节省成本就同意了，没有想到竟然将淤泥砂石运到了砂石加工厂。同时，他表示，相关渣土清运车运输票据会由孙某提交给苏溪大队，公司方愿意接受相关处理。

确定违法事实，做出行政处罚决定

7月24日，义乌市某建筑工程有限公司对义乌市苏溪镇大陈江（苏溪二小—邢宅堰坝）清淤工程开工。在清淤工程施工过程中，该公司未经许可，擅自在义乌市苏溪镇大陈江邢宅河段河道管理范围内利用挖掘机采掘砂石。

据调查，义乌市某建筑工程有限公司挖掘的河段长225米，宽36.3米，其挖掘的砂石、污泥混合物一部分堆放在大陈江邢宅段石桥上游南半侧，另一部分通过重型自卸货车运输到义乌市苏溪镇青春村附近的某砂石加工厂，运输车次共计320车，经测算运输总量共5443.2立方米。

义乌市某建筑工程有限公司未经批准在河道管理范围内采砂的行为违反了《河道管理条例》第二十五条第（一）项、《浙江省河道管理条例》第三十九条第一款之规定，义乌市综合行政执法局苏溪大队依据《河道管理条例》第四十四条第（四）项、《浙江省河道管理条例》第四十七条之规定，对其做出罚款5万元的行政处罚。

资料来源：王倩：《未经批准在河道管理范围采砂 义乌一家公司被罚5万元》，《中国环境报》2017年9月4日，第8版。

 经验借鉴

本篇案例详细讲述了浙江省义乌市综合行政执法局苏溪大队，针对一起未经批准在河道管理范围采砂案件的办案过程。有如下经验值得借鉴：①快速响应，一路追踪。②联合多部门出击，收集关键证据信息。③确定违法事实，做出行政处罚决定。

六、网格体系助力环境执法

 案例梗概

1. 浙江省金华市构建 5000 个网格，织起环境监管"大网"。

2. 环境监管网格员与环境执法人员联手查偷排，启动"公、检、法、环"联动机制，协同监管。

3. 建立健全"地方政府负总责、环保部门统一监管、相关部门各负其责、社会各界广泛参与"的环境监管工作格局。

4. 整合辖区内负有环境监管职责的各部门监管力量及其相应的环境监管资源，结合社会治理"一张网"，建立了市、县、乡、村四级网格体系。

关键词：网格员；网格体系；织密环境监管网格；零容忍

 案例全文

网格员日常巡查，发现环境问题立即汇报，方便环保部门快速、有效执法，从而更加有效保障市民生活环境。遍布全市的 5000 个网格，织起浙江省金华市环境监管"大网"。

2018 年 2 月，义乌市环境监管网格员与环境执法人员联手，迅速查处两起直排重金属超标废水案。涉案人员均已移送公安机关追究刑事责任。

网格员连续发现两起废水直排案件。案发当日，义乌市稠江街道网格员王某就像往常一样进行环境巡查，当巡查至高庚村时发现，有一家饰品加工厂疑似偷排废水，于是立即向义乌市环保局通报。接报后，义乌市环保局环境执法人员迅速赶赴现场展开追查。没多久，在王某的指引下，执法人员便锁定了这家疑似偷排废水的饰品加工厂。

当时，这家饰品加工厂正在生产，执法人员发现，饰品抛光产生的废水被直接排到了地上，废水顺着地面水沟流进了隔壁的简易水槽，经简单沉淀后，又通过一根与之相连的PVC管排入村污水管网，最终流入市政污水管网。

据此，执法人员判断该加工厂涉嫌直排含重金属废水，遂马上联系公安部门，协助控制该厂经营者。同时，当场破拆PVC管，采集监测管内水样，制作笔录，固定证据。

经监测，这家加工厂直排的废水中总锌浓度达到了6.22mg/L，为排放标准的1.2倍；总镉浓度19.8mg/L，为排放标准的198倍，重金属含量严重超标。

无独有偶。两周后，网格员王某又一次在巡查中揪出一家直排重金属超标废水的企业。当天，环境执法人员根据王某的通报，第一时间赶到位于稠江街道崇山村239号的饰品加工厂进行检查。经查，这家加工厂饰品抛光环节产生的废水也是未经处理，就直接通过光饰机上的塑料管排进车间墙角边的PVC管，再流入村污水管网。

监测结果显示，该厂PVC管流出的废水中总锌浓度为32.4mg/L，达到排放标准的6.5倍，总镉浓度为226mg/L，达到排放标准的2260倍，重金属污染物严重超标。

"这起案件的查处过程与高庚村的案子如出一辙，都是在网格员的协助下迅速破案，而且涉案企业都是饰品加工厂，直排的饰品抛光废水中重金属含量均超标三倍以上。"义乌市环保局相关负责人说，针对这两家加工厂的环境违法行为，义乌市环保局均即时启动了"公、检、法、环"联动机制，并根据"两高"关于办理环境污染刑事案件适用法律若干问题的解释，将两起案件移送至公安机关，追究相关人员刑事责任。

市、县、乡、村四级网格体系助力环境执法

为应对日益突出的环境监管点多、线长、面广，监管责任分散、交叉、不明等问题，金华市环保部门创新实施了网格化环境监管模式，通过明确落实全市各级政府环境监管主体责任，整合辖区内负有环境监管职责的各部门监管力量及其相应的环境监管资源，结合社会治理"一张网"，建立了市、县、乡、村四级网格体系，配备了若干名网格员，负责组织实施本级网格环境监管工作。其中乡、村级网格员要开展日常巡查监管，对发现的环境问题必须管好、管到位。

该负责人表示，环境监管网格员的作用日益显现，下一步将继续织密环境监管"网格"，进一步建立健全"地方政府负总责、环保部门统一监管、相关部门各负其责、社会各界广泛参与"的环境监管工作格局。

此外，环保部门还将持续加大直排、偷排废水等环境违法行为的打击力度，以"零容忍"的态度，做到发现一起、查处一起，在使违法企业付出沉重代价的同时，给其他企业敲响警钟，告诫其不可抱有侥幸心理，自觉履行环保主体责任，切实遵守环境法律法规。

资料来源：朱智翔、王国斌、晏利扬：《义乌市网格员、执法人员联手查处两起直排重金属超标废水案》，《浙江在线》2018年2月12日，第8版。

 经验借鉴

遍布浙江省金华市的5000个网格，织起一张环境监管"大网"。网格员日常巡查，发现环境问题立即汇报，方便环保部门快速、有效执法，从而更加有效保障市民生活环境。主要经验有：①环境监管网格员与环境执法人员联手查偷排，启动"公、检、法、环"联动机制，协同监管。②建立健全"地方政府负总责、环保部门统一监管、相关部门各负其责、社会各界广泛参与"的环境监管工作格局。总之，金华的网格化环境监管模式，是应对日益突出的环境监管点多、线长、面广，监管责任分散、交叉、不明等问题，通过明确落实全市各级政府环境监管主体责任，整合辖区内负有环境监管职责的各部门监管力量及其相应的环境监管资源，结合社会治理"一张网"，建立了市、县、乡、村四级网格体系。以"零容忍"的态度，使企业自觉履行环保主体责任，切实遵守环境法律法规。

七、暖心服务融入铁腕执法

 案例梗概

1. 浙江省德清县环保部门将暖心服务融入铁腕执法。

2. 向社会公布"最多跑一次"清单，切实提升行政审批服务质量与实效，不断提高群众和企业的获得感和满意度。

3. 分类培训，提升企业环境意识，对辖区内的企业进行分类型、分区域的培训指导。

4. 上门"问诊"，帮助企业落实整改，重点企业进行一线指导，对症下药。

关键词：政府；软硬结合；疏堵并重；环境意识；落实整改

 案例全文

优化审批服务、组织培训指导、上门答疑解惑……近年来，浙江省德清县环保部门在持续打击环境违法行为的同时，不断创新工作思路和方法，将暖心服务融入铁腕执法，用"软硬结合、疏堵并重"的方式规范企业环境行为，提升企业环境意识，推动环境质量不断改善。

优化服务，减少企业审批成本

2017 年 2 月，浙江省德清县环保局向社会公布"最多跑一次"清单，其中包括建设项目环境影响评价文件审批、排污许可、建设项目环境保护设施竣工验收、排污权交易等 14 项内容。

截至 2017 年 8 月，德清县环保局共办理"跑一次"事项 97 件，否定项目环境功能区划不符、产业政策不符及选址不合理等项目 15 项。值得一提的是，环保窗口在审批时间上一减再减，报告书类的审批从原来的 10 个工作日缩短到 5 个工作日，报告表从原来的 7 个工作日缩短到 3 个工作日。

污染防治设施的拆除或闲置审批、省市审批的环境影响评价文件预审、建设项目环境影响登记表备案、危险废物经营许可等更是实现了"跑零次"，企业在办公室就可以完成，"跑零次"比例达到 44%。

同时，为进一步优化服务，德清县环保局召开"最多跑一次"征求意见会，和企业代表等就环保涉及审批服务事项存在的问题及薄弱环节进行座谈。然后根据收集到的诉求、意见和建议，进一步简化流程、强化指导，切实提升行政审批服务质量与实效，不断提高群众和企业的获得感和满意度。

分类培训，提升企业环境意识

2017 年德清县东港纸业有限公司被列入 10 蒸吨 / 小时及以上锅炉清洁化改造企业。"我们提前启动改造了。"东港纸业副总经理蔡旭敏表示，先前环保局和经信局工作人员来企业调研时，他就咨询了锅炉改造的事宜。前两年，企业在响应全县开展的淘汰 10 蒸吨 / 小时以下锅炉工作中先后淘汰了两个小锅炉，还剩下 1 个 10 蒸吨 / 小时的锅炉维持生产。蔡旭敏知道，剩下的这个锅炉早晚也得淘汰，不如提前准备起来。

为进一步提升企业环境意识、规范企业环境行为，推动"治水、治气、治土"三大行动，近年来，德清县环保局持续对辖区内的企业进行分类型、分区域的培训指导。2017 年以来，德清县环保局已组织开展了 10 蒸吨 / 小时及以上锅炉清洁化改造、挥发性有机物（VOCs）整治、全县挂牌上市（培育上市）企业等多次环保培训。

上门"问诊"，帮助企业落实整改

在位于德清县乾元镇的浙江东成生物科技股份有限公司内，漂亮的景观水塘在雨污分流改造中被改造成了雨水应急系统，兼具实用性和观赏性。

2017 年 4 月起，德清县环保部门工作人员就陆续前往各镇（街道），对需要进行雨污分流改造的 281 家重点企业进行一线指导，把服务送到每一家相关企业。

"为了加快推进企业雨污分流改造，我们主动服务，上门'问诊'，让企业知道问题在哪里，该怎么整改。"乾元镇环保所所长沈百海说。

5 月初，沈百海和所里其他几名工作人员一起到某家企业"出诊"，在厂区内和周围排查梳理容易混接混排、渗排漏排的点位，并把整改要求逐条告知企业。明确整改要求后，这家企业"对症下药"，5 月中旬就顺利完成了整改任务，成为全县率先完成雨污分流改造的企业之一。

截至目前，281 家雨污分流重点改造企业已有 229 家完成改造，其余企业的改造工程也在紧锣密鼓进行中。

资料来源：陈洁、晏利扬：《将暖心服务融入铁腕执法　德清软硬结合引

导企业守法》,《中国环境报》2017 年 8 月 30 日，第 5 版。

经验借鉴

　　浙江省德清县环保部门在持续打击环境违法行为的同时，不断创新工作思路和方法，将暖心服务融入铁腕执法，用"软硬结合、疏堵并重"的方式规范企业环境行为，提升企业环境意识，推动环境质量不断改善。主要经验有：①优化服务，减少企业审批成本。德清县环保局向社会公布"最多跑一次"清单，而且环保窗口在审批时间上一再缩减，就"最多跑一次"召开征求意见会，和企业代表等就环保涉及审批服务事项存在的问题及薄弱环节进行座谈，然后根据收集到的诉求、意见和建议，进一步简化流程、强化指导，切实提升行政审批服务质量与实效，不断提高群众和企业的获得感和满意度。②分类培训，提升企业环境意识，对辖区内的企业进行分类型、分区域的培训指导。③上门"问诊"，帮助企业落实整改，重点企业进行一线指导，对症下药。

八、司法手段促进高污染产业重新洗牌

案例梗概

1. 绍兴通过对环境污染案件追究刑事责任的司法手段，保护了生态环境，也促进了高污染产业的重新洗牌。

2. 淘汰设备落后污染严重的小作坊个体户，促使部分企业转变经营方式。

3. 鞭策具有技术创新意识和能力的企业加速技术转型升级，真正实现绿色发展。

4. 不简单地"案结事了"，而是要放到整个社会大环境中考察环境资源的司法工作是否起到了积极的推动作用。

关键词：企业；自主研发表面除锈工艺；环境资源的司法工作推动；企业转型升级

案例全文

因直排污水受到处罚后，新昌景加源机械有限公司痛定思痛，自主研发出一套表面除锈工艺。在不到一年的时间里，企业就发生了如此惊人的变化，这令前往走访的绍兴中院和上虞法院的法官们欣喜不已。

"正是那次深刻的'教训'，才促使我们去研发新技术。"公司董事长张水华这样说道。

张水华口中的"教训"，源于上虞法院的一纸刑事判决书。

新昌景加源机械有限公司是一家典型的金属配件加工厂，为空调、冰箱等家电厂家提供配件，生产中有一道工序是去除焊接后配件表面的氧化物。从1998年建厂以来，景加源就一直采用传统的强酸清洗工艺来完成，"污染大，但工艺简单，所以一用就是十几年。"该厂主管生产的副总说，"如果没有那份判决书，也没有那么大的动力去技术革新。"

2014年7月30日，景加源厂区附近的污水管网中发现乳白色水体，经查，污水源头正是该厂的酸洗处理车间。经检测，排入污水管道的废水有强酸性，重金属铜含量为10.6mg/L，超过国家规定的排放标准3倍以上。

2016年1月，上虞区法院判处景加源公司罚金40万元，公司副总和另一位车间主任也因污染环境罪各被判处有期徒刑6个月。

"自这起事件发生后，我们企业真的抬不起头，我作为负责人更是无脸见人。"张水华说，其实早在2006年，公司就想过研发无污染清理金属表面的技术，但碍于研发成本和困难，迟迟没有付诸行动，这次判决让他痛下决心，"就算烧钱也一定要革新技术！"

经过半年的不断改进，景加源开始改用高压气体打磨的物理方式取代酸洗工艺。虽然这项新工艺的初期投入较大，但是无污染，省下了污水处理费，还提高了产品合格率。张水华给前来回访的法官算了笔账，"里外里算起来，原先的酸洗工艺每平方米成本约为13元，现在只要10元"。

"环境资源刑事案件具有其特殊性，不能简单地'案结事了'，而是要放到整个社会大环境中来看，环境资源的司法工作是否起到了积极的推动作用。"绍兴中院副院长李佑喜说。

近年来，环境资源污染案件在绍兴地区呈上升趋势，其中偷排工业有毒废水案占了审结案件总数的七成。但部分企业在受到刑事处罚之后，反而打消了侥幸心理，促使自身的转型升级。

位于绍兴袍江新区的浙江新海天生物科技有限公司，在2014年4月曾因污染环境罪被越城法院判处罚金60万元，还有多名负责人被判处有期徒刑。在接受刑事处罚后，该公司重新排查并设置了污水管网，现在公司恢复正常生产，并规范了污水处理流程。

"通过对这类行为追究刑事责任的司法手段，不仅保护了生态环境，某种程度上也促进了高污染产业的重新洗牌。"李佑喜说，"淘汰设备落后污染严重的小作坊个体户，促使部分企业转变经营方式，同时也鞭策了像'景加源'这样具有技术创新意识和能力的企业加速技术转型升级，真正实现了绿色发展，而这正是司法促进社会管理创新的意义所在。"

资料来源：高敏：《绍兴用司法手段促进高污染产业重新洗牌》，《浙江法制报》2016年6月21日，第00001版：一版要闻。

 经验借鉴

司法促进社会管理创新。绍兴通过对环境污染案件追究刑事责任的司法手段，不仅保护了生态环境，某种程度上也促进了高污染产业的重新洗牌。淘汰设备落后污染严重的小作坊个体户，促使部分企业转变经营方式，同时也鞭策具有技术创新意识和能力的企业加速技术转型升级，真正实现了绿色发展。绍兴司法的重要经验在于：意识到环境资源刑事案件具有其特殊性，不能简单地"案结事了"，而是要放到整个社会大环境中来看，环境资源的司法工作是否起到了积极的推动作用。

九、公益诉讼打翻污染者"如意算盘"

 案例梗概

1. 绍兴中院环资庭探索建立跨区域案件管辖制度的环境资源执法联动机制等环境监管

模式。

2. 本案件是绍兴市第一起环境公益诉讼案，同时也是全国首例由生态环境损害赔偿磋商环节转入诉讼程序的环境公益诉讼案。

3. 绍兴中院专门制定《关于推进生态环境损害赔偿诉讼工作的意见》，完善了赔偿磋商与环境公益诉讼的衔接。

4. 通过民事诉讼来追索损害赔偿，创新了诉讼主体，是社会力量参与环境监督的"好兆头"。

关键词： 政府；司法保护；诉讼赔偿；公益诉讼

 案例全文

环境污染是民生之患、民心之痛，必须重拳出击，铁腕治理。2017 年 1 月 1 日起，最高人民法院和最高人民检察院联合发布的《关于办理环境污染刑事案件适用法律若干问题的解释》正式施行，关于环境保护的刑事法网将更密致，对生态环境的司法保护力度更大。

重拳出击之下，本案的公开开庭审理，为实施偷排行为的企业和个人再次敲响了警钟。这意味着在将来，任何符合法定条件的社会组织，为维护社会公共利益都可以把危害公共环境之人推上被告席，污染环境、破坏资源等行为的违法风险和成本也将因此进一步提高。

企业偷排、民众受害、政府买单，这样的"如意算盘"，再也行不通了。2017 年 1 月，绍兴中院受理了绍兴市生态文明促进会诉新昌县某胶囊有限公司、吕某和新昌县某轴承有限公司水污染责任纠纷环境公益诉讼案件，原告要求三个被告赔偿因水污染导致的水生态环境修复费用等 8 万余元。

1 月 16 日上午，该案在绍兴中级人民法院公开开庭审理。据悉，这不仅是绍兴市第一起环境公益诉讼案，同时也是全国首例由生态环境损害赔偿磋商环节转入诉讼程序的环境公益诉讼案。此案的审理，标志着浙江省环境保护司法体系的进一步完善。

造桥施工作业，竟挖出"幕后黑手"。原告绍兴市生态文明促进会诉称，2016 年 3 月，本案第一被告新昌县某胶囊有限公司将造桥工程发包给第二被告吕某进行施工作业，后者在挖桥墩基础坑时造成污水管道断裂，导致含油废水进入拔茅大坑内的桥墩基础坑中。而此时第一、第二被告均未采取有效措施，导致含油废水汇入新昌江，造成拔茅大坑河道和新昌江局部受到污染。

那么，这些含油废水又是从哪里来的呢？原来，第三被告新昌县某轴承有限公司的员工在下班后经常将废淬火油偷倒进污水管网中，累计已达到250千克。这些含油废水就是由废淬火油与污水井内污水混合而成的。

经鉴定，该事件造成从拔茅大坑管道破裂处到新昌江城北大桥处油类和COD不同程度超标，造成相关河段的水生态环境严重受损，且无法通过现场修复工程达到完全恢复。

法律帮忙"撑腰"，这类案子终于可以告了。

在这类环境污染案件中，并没有传统意义上的"受害者"，过去往往只是通过行政和刑事处罚的方式处理，很少通过民事诉讼来追索损害赔偿，因此个别企业存在侥幸心理。

为此，2012年修订的《中华人民共和国民事诉讼法》对公益诉讼的原告主体做出了规定："对环境污染、侵害众多消费者合法权益等损害社会公共利益的行为，法律规定的机关和有关组织可以向人民法院提起诉讼"；2015年修订的《中华人民共和国环境保护法》第五十八条对此进一步作了细化和明确，"对污染环境、破坏生态，损害社会公共利益的行为，符合下列条件的社会组织可以向人民法院提起诉讼：（一）依法在设区的市级以上人民政府民政部门登记；（二）专门从事环境保护公益活动连续五年以上且无违法记录"。

绍兴市生态文明促进会符合上述法律规定的诉讼主体资格，该会遂依法向绍兴中院提起诉讼，要求三被告赔偿因含油废水泄漏造成新昌江局部污染的生态环境修复费用、鉴定评估费用等共计80750元。

案情并不复杂，但案子是个"好兆头"。绍兴中院环资庭公开开庭审理此案，绍兴市检察院委派2名检察官作为"支持起诉人"参与本次公益诉讼。在案件审理过程中，被告新昌县两家公司的代理人均当庭表示已停止相关侵权行为，并对原告绍兴市生态文明促进会所提出的事实、理由、诉讼请求无异议，愿意承担相应责任。目前，法庭正在组织双方进行调解。

据悉，绍兴中院环资庭成立于2016年3月，是浙江省首家环境资源法庭；浙江省首家基层环境资源庭也于2016年5月在绍兴市越城区法院宣告成立，这为严厉打击污染环境、破坏生态的违法行为提供了重要保障。自成立以来，绍兴中院环资庭积极探索创新审理模式，通过环境资源刑事、民事、行政案件"三合一"归口处理的方式，探索建立跨区域案件管辖制度的环境资源执法联动机制等。浙江省生态环境损害赔偿改革试点工作中，绍兴是唯一的试点城市。为此，绍兴中院专门制定了《关于推进生态环境损害赔偿诉讼工作的意见》，完善了赔偿磋商与环境公益诉讼的衔接，为改革试点工作提供强有力的司法保护。该案正是由于赔偿磋商不成而转入诉讼程序的典型案例。

资料来源：单巡天：《新昌江被污染　绍兴一家社会组织怒告污染者》，《浙江法制报》2017年1月18日，第12版。

经验借鉴

在浙江省生态环境损害赔偿改革试点工作中，绍兴是唯一的试点城市。绍兴中院环资庭成立于2016年3月，是浙江省首家环境资源法庭；浙江省首家基层环境资源庭也于2016年5月在绍兴市越城区法院宣告成立，这为严厉打击污染环境、破坏生态的违法行为提供了重要保障。自成立以来，绍兴中院环资庭积极探索创新审理模式，通过环境资源刑事、民事、行政案件"三合一"归口处理的方式，探索建立跨区域案件管辖制度的环境资源执法联动机制等环境监管模式。通过本案例，可以借鉴的主要经验有：①进一步完善司法体系。本案件是绍兴市第一起环境公益诉讼案，同时也是全国首例由生态环境损害赔偿磋商环节转入诉讼程序的环境公益诉讼案。早前，绍兴中院专门制定《关于推进生态环境损害赔偿诉讼工作的意见》，完善了赔偿磋商与环境公益诉讼的衔接。②通过民事诉讼来追索损害赔偿。本案由绍兴市生态文明促进会向绍兴中院提起诉讼，创新了诉讼主体，是社会力量参与环境监督的"好兆头"。

十、环境资源审判保护绿水青山

案例梗概

1.湖州法院全面提升环境司法专门化水平，加大对环境资源的司法保护力度。

2. 设置专门的审判机构，完善专门的审判机制。

3. 结合司法体制改革要求，着力打造专家型法官队伍。

4. 湖州市两级法院主动作为，把修复、预防摆在环境司法理念的重要位置。

5. 湖州法院主动与公安、检察、环保、国土、农林等部门沟通合作，联合出台《关于加强环境保护司法联动机制的实施意见》。

6. 湖州法院将"裁执分离"机制全面适用于环保领域。

关键词：环资审判；以人为本；"两山"巡回法庭；绿色理念

 案例全文

2018 年 3 月 9 日，最高人民法院工作报告出炉。报告中讲到服务美丽中国建设时，提到了浙江等地法院探索实施修复司法举措，促进生态保护的做法。而湖州法院也正是最早开始这样探索的地方法院之一。

"行遍江南清丽地，人生只合住湖州。"湖州不仅是"两山"发展理念的发源地，也是全国设区市中首个生态文明先行示范区。在推进依法治国方略的大背景下，保护绿水青山，开展生态文明示范区建设，司法的作用不可或缺。近年来，湖州法院全面提升环境司法专门化水平，加大对环境资源的司法保护力度，倾力打造环境资源审判"湖州品牌"，为护航湖州一方绿水青山提供了有力的司法保障。

建章立制：推进环资审判全覆盖

"环境资源案件审理过程中既涉及法律问题，又涉及技术问题，还有极高的公众关注度，审理难度大，裁判要求高，因此推行专业化建设有利于破解审理难题。"湖州中级人民法院院长李章军介绍，设置专门的审判机构，完善专门的审判机制，是全面推进环境资源审判专业化的组织基础。

2016 年以来，湖州两级法院把环境资源审判专业化建设作为破题的切入点，先后设立环境资源审判庭，搭建了完整的环境审判组织架构，使湖州成为全省唯一的环境资源审判机构全覆盖的地区。2017 年 11 月 9 日，湖州中院被最高人民法院授予全国第二批环境资源司法实践基地，成为浙江省唯一入选的法院。

为实现审判机构的实质化运作，湖州中院陆续发布《关于进一步加强环境资源审判工作的通知》《关于环境资源审判庭受案范围的通知》等系列文件，落实完善涉环境资源类刑事、民事、行政案件统一由环境资源审判庭审理的"三合一"归口审理模式，逐步健全环境资源审理的工作机制。

2017年11月16日，安吉法院"两山"巡回法庭正式揭牌。法庭位于"两山"发展理念发源地——安吉余村，配备了专门的环境资源审判巡回车，出台了具体的巡回审判工作制度。依托特殊的区位优势，"两山"巡回法庭充分结合人与自然和谐发展理念，根据当地林木产业特点，公开开庭审理多起盗伐林木案件，通过邀请旁听、案后座谈、媒体宣传等方式充分发掘巡回审判价值，实现审判、调研、引导、宣传等多位一体的功能。

以人为本：加大团队建设专业化

生态环境案件的复杂性、专业性，生态环境保护的整体性、技术性，是环境资源案件实行专业化审判的必然要求。要审理好更为专业的案件，除了更为专业的机构和制度以外，还需要更为专业的人员。"有了专门审判机构，缺少专业队伍也是无济于事的。可以说，专业队伍才是实现环境资源审判机构发挥应有作用的关键。"湖州中院副院长何新介绍。

在完善环境资源审判组织结构的同时，湖州法院结合司法体制改革要求，着力打造专家型法官队伍，选派既精通审判业务又熟悉环境专业知识的9位法官从事环境资源审判工作，搭建完成"1+1"和"1+1+1"两种模式9个审判团队并投入运行。

2017年12月12日，一起非法跨界倾倒印染污泥3.2万余吨的污染环境案在湖州中院公开开庭审理，院长李章军担任审判长，市检察院检察长孙颖出庭履行职务。选择涉环境污染案件作为首次市法检"两长"同庭履职的案件，为湖州环境资源审判专业化的推进提供了良好的示范和表率，也为湖州环境资源审判队伍注入了强大的信心和决心。

除了内部挖潜，湖州法院还积极寻求外援，探索专家参与环境资源审判的工作机制，与高校、市环保局建立培训共建机制，并建立环境资源专家库，吸纳专家入库，包括高校教师、环保行政部门专业技术人员等。同时，通过任命专家人民陪审员、专家证人参与庭审、专家人员为审判人员提供咨询等方式，解决审判中环境资源领域的专业性问题。

绿色理念："补植令""禁止令"开全省先河

面对被污染、被破坏的生态环境，如何破解生态司法难题，让人民群众有更多的获得感，是湖州法院环境资源审判面临的重大课题。在重拳打击破坏环境资源违法犯罪的基础上，湖州两级法院主动作为，把修复、预防摆在环境司法理念的重要位置，发出了浙江省首例"补植令"及首批"禁止令"，为绿色生态撑起司法保护伞。

安吉白茶、长兴紫笋均具有较高知名度，一些茶农为了扩大自家茶叶的生产规模，选择毁林种茶，不仅对生态环境造成破坏，还触犯了刑法。像安吉的赵某，在没有取得采伐许可证的情况下砍掉了自家承包山上的林木，全部种上了白茶。因违反国家森林管理法规，滥伐林木，数量较大，法院以滥伐林木罪判处其有期徒刑 8 个月，缓刑 1 年 2 个月，并处罚金 3000 元。"做梦也没想到，因为没有办理林木采伐许可证，砍掉自家山上的这些树也是犯法。现在后悔也没用，只有想法子再把树种上！"赵某认识到了其行为对森林资源造成的危害后果，申请在涉案林区进行补植修复。安吉法院经审查认为，申请人赵某的补植申请符合法律规定。为此，安吉法院发出了浙江省首例"补植令"，要求赵某将涉案林地补植竹木，复绿至毁林前植被覆盖率。

环境保护"禁止令"则是向继续实施违法行为的企业、单位或者个人亮出"红牌警告"，对违法行为人采取强制停止实施违法行为措施的制度，能有效遏制污染行为危害后果进一步扩大，尽最大努力保护环境。湖州法院勇作全省第一个吃螃蟹的人，出台了《关于环境保护禁止令实施办法》，湖州法院发出全省首批环境保护"禁止令"后，获中央环保督察组认可推广。

有效联动：探索多元共治聚合力

环境资源保护中，社会公众是生态环境的直接参与者与权利人。因而，湖州法院积极探索构建多元共治机制，采取措施落实公众参与原则，形成环境资源保护工作新合力。

湖州法院主动与公安、检察、环保、国土、农林等部门沟通合作，联合出台《关于加强环境保护司法联动机制的实施意见》，在证据收集与固定、案件审理与调解、判决与监督、执行等方面进行信息互通、资源共享，形成了多元化共治的环境保护大格局。2017年7月，湖州中院与市环保局联合出台《关于加强环境资源保护共同推进生态文明建设的合作备忘录》，就建立联席会议制度、环境资源专家库、推动设立环保公益金、环保部门参与环保公诉模式等工作达成共识。同时，湖州法院在环保系统设立环境执法与司法协调联动办公室，构筑环境司法与环境执法的良性互动新平台。

此外，湖州法院将"裁执分离"机制全面适用于环保领域，推动建立由政府主导、基层综合执法部门实施或多部门参与实施的环保行政非诉案件执行联动机制。近两年来，湖州法院共受理环保部门申请强制执行案件178件，法院裁定准予执行162件，准执率达91%。

增强公众在环境审判中的参与度，扩大环境审判影响力，是打造环境审判湖州品牌的群众基础。近两年来，湖州法院累计邀请公安、环保、司法局等行政机关和企业代表逾200人次旁听庭审、参与环保非诉行政案件公开听证；4次开展"代表委员法院行"活动，共计邀请代表委员50人来院旁听环资案件庭审并举行座谈。

资料来源：朱莹、白坤先：《践行"两山"科学论断　护航一方绿水青山》，《浙江法制报》2018年3月13日，第9版。

 经验借鉴

浙江等地法院探索实施修复司法举措，促进生态保护，而湖州法院也正是最早开始这样探索的地方法院之一，湖州法院深入践行"两山"发展理念，全面提升环境司法专门化水平，加大对环境资源的司法保护力度，倾力打造环境资源审判"湖州品牌"，为护航湖州一方绿水青山提供了有力的司法保障。主要经验有：①建章立制：推进环资审判全覆盖。设置专门的审判机构，完善专门的审判机制，为全面推进环境资源审判专业化的组织打好基础，先后设立环境资源审判庭，搭建了完整的环境审判组织架构，并且陆续发布《关于进一步加强环境资源审判工作的通知》《关于环境资源审判庭受案范围的通知》等系列文件，落实完善涉环境资源类刑事、民事、行政案件统一由环境资源审判庭审理的"三合一"归口审理模式，逐步健全环境资源审理的工作机制。成立安吉法院"两山"巡回法庭，通过邀请旁听、案后座谈、媒体宣传等方式充分发掘巡回审判价值，实现审判、调研、引导、宣传等多位一体的功能。②以人为本：加大团队建设专业化。在完善环境资源审判组织结构的同时，湖州法院结合司法体制改革要求，着力打造专家型法官队伍，选派既精通审判业务又熟悉环境专业知识的9位法官从事环境资源审判工作，搭建完成"1+1"和"1+1+1"两种模式9个审判团队并投入运行，同时，探索专家参与环境资源审判的工作机制，与高校、市环保局建立培训共建机制，并建立环境资源专家库。③绿色理念："补植令""禁止令"开全省先河。在重拳打击破坏环境资源违法犯罪的基础上，湖州全市两级法院主动作为，把修复、预防摆在环境司法理念的重要位置，发出了浙江省首例"补植令"及首批"禁止令"，针对毁林种茶的现象，安吉法院发出了浙江省首例"补植令"，环境保护"禁止令"则是向继续实施违法行为的企业、单位或者个人亮出"红牌警告"，对违法行为人采取强制停止实施违法行为措施的制度，并且出台《关于环境保护禁止令实施办法》。④有效联动：探索多元共治聚合力。湖州法院主动与公安、检察、环保、国土、农林等部门沟通合作，联合出台《关于加强环境保护司法联动机制的实施意见》，在证据收集与固定、案件审理与调解、判决与监督、执行等方面进行信息互通、资源共享，形成了多元化共治的环境保护大格局。此外，湖州法院将"裁执分离"机制全面适用于环保领域，推动建立由政府主导、基层综合执法部门实施或多部门参与实施的环保行政非诉案件执行联动机制。

十一、检察院通过公益诉讼将为矿山复绿

案例梗概

1. 金华婺城区检察院利用行政公益诉讼，解决监管缺位问题。

2. 婺城区检察院对整改情况进行全程跟踪监督。

3. 婺城区检察院创新性利用行政诉讼解决监管真空地带，并在对诉讼后生态修复的过程履行监督职能。

4. 婺城国土分局迅速响应，编制生态修复方案。

关键词：公益诉讼；行政诉讼法；生态修复

 案例全文

2017 年 10 月，金华市婺城区检察院收到了国土部门交送的废弃矿山生态恢复治理方案。根据方案，婺城区琅琊镇曾被非法采矿破坏的 1.7 万余平方米山体，将重新种上适合山体生长的植物，开始生态修复。曾经满目疮痍的废弃矿山，在婺城区检察院启动行政公益诉讼诉前程序的有力推动下，终于将重新披上绿装。

资金缺乏，监管缺位

金华西南的琅琊镇，山川秀美、景色宜人，2014 年跻身"国家级生态乡镇"。然而，琅琊镇丰富的山林资源却成了犯罪分子觊觎的目标。2014 年以来，婺城区检察院共办理琅琊镇辖区内非法采矿案件 5 件 19 人。以琅琊镇村民倪某、徐某等人非法采矿案为例，倪某等人在未取得采矿许可证和矿产资源证的情况下，在琅琊镇滕村、泉口村等地的山上大肆非法开采矿石，2014~2015 年非法开采数量达 1.4 万余方，非法获利超过 200 万元。2016 年 10 月，倪某、徐某分别被判处 5 年、3 年 3 个月有期徒刑。

虽然非法采矿者被绳之以法，但检察官在对案件进行跟踪走访时发现，涉案矿山在案件查处后一直处于"撂荒"状态，大面积的非法开采导致山体植被破坏、岩石风化裸露，废弃矿山仿佛绿林中的斑斑"皮癣"，令人触目惊心。

而废弃矿山被弃之不管的问题由来已久：一方面，矿山环境保护涉及多部门，责任不明确致使监管出现"真空"；另一方面，矿山生态环境历史欠账较多，不少矿山未预留生态恢复治理资金，加上长期监管缺位，想对矿山进行生态环境修复，难免遭遇无人"买单"的尴尬。

行政公益诉讼案件，诉前程序启动

面对矿山治理"顽疾"，检察机关认为，继续放任必然造成山林生态的恶化。2017年7月，随着检察机关提起公益诉讼被正式写入行政诉讼法，婺城区检察院迅速成立公益诉讼工作领导小组，正式对涉案矿山无人监管问题展开立案审查。

随后，承办检察对琅琊镇庙湾山、水碓湾山等10余个非法采矿矿点进行实地取证，走访当地村民，收集大量言辞证据。经初步勘查，琅琊镇非法采矿点山体破坏面积达1.7万余平方米。8月上旬，婺城区检察院启动行政公益诉讼诉前程序，依法向金华市国土资源局婺城分局提出检察建议，要求依法履行监督管理职责，及时采取有效措施，督促违法人员对被破坏的山体环境进行生态修复，消除环境安全隐患。

收到检察建议后，婺城国土分局迅速行动，委托地勘设计单位对辖区内废弃矿山开展调查，编制生态恢复治理方案。9月12日，婺城国土分局向婺城区检察院复函，提出整改方案。

10月25日，国土部门在已对涉案废弃矿山进行全面勘察的基础上，编制完成生态环境综合治理方案，并正式启动生态修复工作。根据方案，国土部门将逐步组织边坡清理、平台、宕底平整及复垦土回填、排水沟建造等工程。

资料来源：许梅、刘欣：《检察院通过公益诉讼将为矿山复绿》，《浙江法制报》2017年10月31日，第3版。

 经验借鉴

2017年7月，随着检察机关提起公益诉讼被正式写入行政诉讼法，金华婺城区检察院就琅琊镇非法采矿，破坏生态的问题迅速成立公益诉讼工作领导小组，正式对涉案矿山无人监管问题展开立案审查。问题源于两方面：一方面，矿山环境保护涉及多部门，责任不明确致使监管出现"真空"；另一方面，矿山生态环境历史欠账较多，不少矿山未预留生态恢复治理资金，很难进行生态修复。金华婺城区检察院利用行政公益诉讼，解决监管缺位问题，依法向金华市国土资源局婺城分局提出检察建议，要求依法履行监督管理职责，及时采取有效措施，同时，婺城国土分局迅速行动，委托地勘设计单位对辖区内废弃矿山开展调查，编制生态恢复治理方案；婺城区检察院将对整改情况进行全程跟踪监督。本案例的诉讼方——婺城区检察院，创新性利用行政诉讼解决监管真空地带，并在对诉讼后生态修复的过程履行监督职能；而被诉讼方——婺城国土分局，能够迅速响应，编制生态修复方案。这两方的做法值得借鉴。

十二、浙江首例刑事附带民事公益诉讼案件

 案例梗概

1. 临安区检察院就卢某某滥伐林木一案提起刑事附带民事诉讼。
2. 该案为浙江省首例由检察机关提起的刑事附带民事公益诉讼案件。
3. 检察机关内部公诉和民行两个部门的通力协作。
4. 为补偿滥伐林木所造成的生态破坏，恢复原生态功能，责令被告人补种树木。
5. 持续跟踪案件，督促被告人履行"补植复绿"义务。

关键词：清凉峰保护区；刑事附带民事公益诉讼；82 株杉木被砍伐；专家证人；公诉人和公益诉讼人同时出庭

 案例全文

2018 年 3 月，杭州市临安区人民法院清凉峰保护区巡回法庭，在卢某某滥伐林木案庭审的最后，被告人卢某某不仅诚恳地认罪悔罪，还积极地表示会尽快进行民事赔偿，补植复绿。

据悉，这也是浙江省首例由检察机关提起的刑事附带民事公益诉讼案件。

国家级自然保护区内，滥伐林木 82 株

2017 年 1 月，卢某某在未经林业主管部门审批和办理林木采伐许可证的情况下，在临安区龙岗镇桃花溪村山黄岭梨树岗水沟前、杨柳山芦柴塘内湾、杨柳山荒田后三处山上，使用锯类工具砍伐杉木共计 82 株。

临安区检察院在审查起诉卢某某涉嫌滥伐林木罪一案中，发现卢某某砍伐林木区域位于清凉峰国家级自然保护区范围内，其砍伐林木行为不仅直接损毁林木，还破坏生态。

经评估，卢某某砍伐杉木，涉及破坏面积约 1396 平方米。临安区检察院认为，被告人卢某某在国家级自然保护区范围内实施滥伐林木的行为，构成滥伐林木罪，依法应当追究刑事责任；同时，卢某某的滥伐行为破坏了生态环境，损害了社会公共利益，还应当承担相应的民事责任。

2018 年 1 月 26 日，经省检察院批准，临安区检察院就卢某某滥伐林木一案提起刑事附带民事诉讼。该案由此成为检察机关提起公益诉讼制度确立以来，我省首例由检察机关提起的刑事附带民事公益诉讼案件。

专家证人出庭作证

临安区检察院民行科相关负责人介绍，从发现线索到案件正式开庭审理，该案历时 3 个多月，由于是浙江省首例刑事附带民事公益诉讼案件，其间不仅有检察机关内部公诉和民行两个部门的通力协作，还涉及大量的实地勘查、走访，比如多次到案发现场勘察、测量，就滥伐林木对环境造成的破坏以及如何进行科学评估走访专家等；同时，临安区检察院还专门就该案召开诉前会议，从刑事和民事两方面，就事实、证据等事项分别听取辩护人、侦查人员等各方意见。

3 月 9 日下午，卢某某滥伐林木案开庭审理，临安区检察院副检察长李为民等人分别以公诉人和公益诉讼起诉人的身份，出席法庭履行职务。庭审中，公益诉讼起诉人通过多媒体示证的方式，在法庭上重现了案发后现场生态环境遭受破坏的原貌，并申请清凉峰国家级自然保护区管理局中级工程师童根

平出庭作证。

除承担刑责外，还要偿还生态债

当天，法院经审理一审判决被告人卢某某犯滥伐林木罪，判处拘役 4 个月，缓刑 10 个月，并处罚金人民币 1000 元；为补偿滥伐林木所造成的生态破坏，恢复原生态功能，卢某某需在保护区范围内的生物防火林带上补种防火树种 223 棵。卢某某当庭表示认罪认罚，并承诺会积极补种树木。

临安区检察院作为法律监督机关，该院持续跟踪该案，督促被告人卢某某履行"补植复绿"义务，做好公益诉讼的后半篇文章，切实承担起"维护公共利益最后一公里"的神圣职责。

资料来源：许梅、胡玉兰：《这起公益诉讼案，开了我省先河》，《浙江法制报》2018 年 3 月 12 日，第 4 版。

 经验借鉴

2018 年 1 月 26 日，经浙江检察院批准，临安区检察院就卢某某滥伐林木一案提起刑事附带民事诉讼。该案由此成为检察机关提起公益诉讼制度确立以来，浙江省首例由检察机关提起的刑事附带民事公益诉讼案件。有如下经验值得借鉴：①专家证人出庭作证。本案不仅有检察机关内部公诉和民行两个部门的通力协作，还涉及大量的实地勘查、走访，比如多次到案发现场勘查、测量，就滥伐林木对环境造成的破坏以及如何进行科学评估等走访专家等；同时，临安区检察院还专门就该案召开诉前会议，从刑事和民事两方面，就事实、证据等事项分别听取辩护人、侦查人员等各方意见。②除承担刑责外，还要偿还生态债。为补偿滥伐林木所造成的生态破坏，恢复原生态功能，责令被告人补种树木。③持续跟踪案件，督促被告人履行"补植复绿"义务，做好公益诉讼的后半篇文章，切实承担起"维护公共利益最后一公里"的神圣职责。

十三、协同推进环境公益诉讼　守护秀美钱江源

案例梗概

1. 江山市检察院通过行政公益诉讼的诉前程序妥善解决凤林镇桃源村一起重大的跨省污染隐患。
2. 江山市检察院建立跨省联席会议、联络员等常态化机制，督促制定处置方案。
3. 衢州市检察院加强协同推进生态环境和资源保护领域的公益诉讼工作。
4. 衢州市通过检察机关提起公益诉讼的方式，增强了公益保护的刚性。

关键词：两省携手；跨省联席会议；联络员等常态化机制；绿色发展

案例全文

从江山市城区到凤林镇的桃源村，40 多分钟的车程。为了跟踪一家废弃化工企业最后阶段的整治工作，江山市检察院的检察官严靓再度踏上这段已经走过无数遍的行程。

3 年多的时间里，在检察机关的推动下，发生在桃源村的一起重大跨省污染隐患，最终通过行政公益诉讼的诉前程序得到了妥善解决。

企业关停却留下个难题

初夏的桃源村，在稻田与茶园的满目绿意中显得格外恬静。它与江西上饶市广丰区的龙溪村毗邻，而一家坐落于两省交界位置的化工企业，曾一度威胁着这里的美丽和安宁。

桃源村村民管孝成的家距离华龙化工有限公司废弃厂区不远。"那时候，只要稍微靠近这里，就会闻到一股刺鼻的气味。"每每从厂区附近经过，管孝

成总会想起当年的窘境。2014 年，在村民的强烈反映和多次投诉下，这家化工企业被关停，企业主也受到法律的制裁。但停产之后，巨大的厂区内还遗留着大量危险化学品。

"谁也不知道这么大的厂房里存放着什么东西，更担心哪天会发生意外。"村委会主任徐登高表示，那段日子里，这个大门紧闭的厂区始终是自己和村民们挥之不去的心病。如今废弃厂区里空空荡荡，已闻不到什么异常气味。严靓说，这和她在化工厂停产后不久，第一次上门调查时所看到的狼藉景象已大不相同。这座厂区一分为二，大部分位于江西的龙溪村地界内，同时占用了一部分桃源村的山林地。因为这样的特殊位置，给危化品的后续处理带来了难题。

2015 年 5 月，江山市检察院向市环保局发出检察建议，建议及时组织对华龙化工有限公司露天堆放的化工原料及槽罐进行检测、处理。

两省携手共破监管困境

"卅二都溪是钱塘江的源头之一，就从废弃厂区几十米远的地方流过。一旦发生大规模的危化品泄漏，就会迅速流入这一水域，后果不堪设想。"从接到村民举报伊始，江山市环保局环境监察大队大队长朱伟就一直关注这一事件的处理进展。

江山市环保局与市林业局森警大队、市安监局等部门多次前往现场勘验核查，摸清了这批危险化学品的成分、数量。之后，江山市环保局专门向广丰区环保局去函，要求该局根据"属地管理"原则，及时调查和依法处置，有效防止重大环境污染事故的发生。

遗留危化品的处理难度大，难以找到合适的处理机构，而已经陷入重重债务的企业更无力支付后续处理所需的巨额资金。地跨不同省份的两个区市，又涉及多个相关行政部门，尽管两地针对遗留危化品处置多次协调沟通，处理进展依然时有停顿。

朱伟表示，江山市环保部门一直希望能够及早解决这一隐患，却苦于对这家广丰区的企业没有行政处罚权限，只能在职权范围内进行有限的整治。显然，此时迫切需要更为高效的两地协调联动机制和更强有力的司法保障提供支持。

随着检察机关的公益诉讼工作在我省正式启动，处置工作走上了"快车道"。根据公益诉讼的相关法律规定，行政机关不依法履行职责的，检察机关将依法向法院提起诉讼。

2017 年 7 月 1 日，江山市检察院向市环保局发出行政公益诉讼诉前检察建议，指出华龙化工有限公司遗留危化品对当地环境造成极大的安全隐患，两地环保部门应加强协调配合，联合各相关职能部门、单位依法依规及时采取措施，消除环境安全隐患。

作为浙江省首例消除重大跨省污染隐患的公益诉讼案，一石激起千层浪。公益诉讼的诉前程序启动以后，检察机关的监督有了更强的法律刚性，发挥了强劲的督促和推进作用。"这为推动环境污染隐患的解决，增加了可靠的保障。"江山市检察院相关负责人介绍。

"推动整治的法律依据更加坚实，我们解决这个难题的信心也更足了。"据朱伟介绍，检察建议发出以后，两地环保部门迅速行动，加强与公安等相关部门的合作，共赴遗留危险化学品原生产企业调查核实，并责成两家供货企业限期回收各自的副产品。

与此同时，江山市检察院为了通过诉前程序解决问题，多次协调江山、广丰两地相关执法部门开展对接，建立跨省联席会议、联络员等常态化机制，督促制定处置方案，使得后续处理进展大大加快。

绿色发展公益诉讼显力量

经过近四个月的共同努力，华龙化工有限公司厂区内遗留的危化品终于全部清理完成。潜在的污染源清除了，桃源村吃下了定心丸，发展翻开新篇。徐登高表示，这个地处偏远的小村子，环境良好，这里出产的绿色农产品远近闻名。"如果没有可靠的生态环境保障，这一切无从谈起。"

"身边的问题实实在在得到解决，这是老百姓希望看到的。"严靓希望，通过这一次的努力，能让公众更加广泛地知悉和认可公益诉讼，从而为公益诉讼工作带来更加坚实的支持。朱伟手头的工作还没有停：废弃厂区内的生产设备需要拆除，占用的山林地需要尽快复绿。目前，环境整治的专项资金已经拨付当地，对这处"伤疤"最后的修复将尽快启动。广丰区与江山市的生态环境保护合作协调机制正在进一步完善，为今后处理类似的问题提供了保障。

"江山桃源村的案例，给公益诉讼工作提供了有益经验，也是检察机关加强与行政机关的沟通协调、积极推动行政机关主动履职的范例。"据衢州市检察院民事行政检察部主任詹金峰介绍，前不久，衢州市检察院还会同该市环保、国土、林业、水利等多部门联合出台意见，加强协同推进生态环境和资源保护领域的公益诉讼工作，各有关行政机关将坚持全面、依法、规范履行法定职责，与检察机关立足各自职能，加强协作，共同推进公益诉讼工作健康开展。

江西华龙化工有限公司环境污染案的处理，让江山桃源村村民第一次听说了"公益诉讼"，也让他们尝到了实实在在的甜头。用村民的话说，生态环境问题最怕"没人管""没法管"。其实，不光是生态环境，还有不少涉及公众利益的公共领域，群众也有"没人管""没法管"的担忧。公益诉讼，可解他们的后顾之忧。

回顾公益诉讼的发展，从 20 世纪 90 年代律师自发算起，到 21 世纪初社会组织等主体介入，经历了一个较长的过程。可以说真正按下公益诉讼"快进键"的，是检察机关对提起公益诉讼制度的探索。正是通过检察机关提起公益诉讼的方式，增强了公益保护的刚性，解决了一批长期困扰人民群众的环境问题。

资料来源：朱聪颖、毛小勇：《衢州协同推进环境公益诉讼 守护秀美钱江源》，《浙江日报》2018 年 6 月 8 日，第 6 版。

 经验借鉴

发生在江山市凤林镇桃源村一起重大的跨省污染隐患，最终通过江山市检察院以行政公益诉讼的诉前程序得到了妥善解决。主要经验有：①两省携手，共破监管困境。江山市检察院向市环保局发出行政公益诉讼诉前检察建议，同时，为了通过诉前程序解决问题，多次协调江山、广丰两地相关执法部门开展对接，建立跨省联席会议、联络员等常态化机制，督促制定处置方案，使得后续处理进展大大加快。②绿色发展，公益诉讼显力量。衢州市检察院会同该市环保、国土、林业、水利等多部门联合出台意见，加强协同推进生态环境和资源保护领域的公益诉讼工作，各有关行政机关将坚持全面、依法、规范履行法定职责，与检察机关立足各自职能，加强协作，共同推进公益诉讼工作健康开展。总之，衢州市正是通过检察机关提起公益诉讼的方式，增强了公益保护的刚性，解决了一批长期困扰人民群众的环境问题。

十四、检察机关筑牢服务绿色发展的司法屏障

案例梗概

1. 浙江省检察机关积极履行检察职能，在司法实践中服务浙江绿色发展。
2. 检察机关集中开展破坏环境资源专项立案监督，对重大污染环境案件进行挂牌督办。
3. 检察机关坚持"恢复性司法"理念。
4. 公益诉讼在浙江省 11 个城市全覆盖。

关键词：浙江省；专项立案监督；恢复性司法；公益诉讼

案例全文

专项立案监督显威力

伏季休渔，是为了让大海休养生息，但贪婪的非法捕捞者仍伺机而动。2017 年 5 月，象山的东海海域，正在非法捕捞的 3 艘渔船被巡航执法的县渔业执法大队抓了个现行。当船上 42 名非法捕捞者被带至石浦港接受调查时，他们吃惊地发现，在现场等着他们的，不仅有渔业执法人员，还有象山县检察院的检察官。原来，为了加大对非法捕捞的打击力度，象山县检察院将证据审查关口前移，检察官深入到了执法第一线，现场引导取证。

为了保护浙江省珍贵的海洋渔业资源，2016 年，配合浙江省"一打三整治"行动，浙江省检察院积极开展法治护航，启动破坏渔场渔业资源犯罪专项立案监督，规范海洋渔业执法，防止以罚代刑，加大对破坏海洋生态环境违法

犯罪的打击力度。专门对破坏海洋渔业资源犯罪开展立案监督，这在全国尚属首次。专项监督活动启动后，全省各地检察机关迅速行动，仅1年半时间，就建议移送涉嫌破坏海洋渔业资源犯罪案件71件281人、监督立案15件27人。

严格依法保护浙江的"海上粮仓"，仅是浙江省检察机关近年来持续开展的"破坏环境资源犯罪专项立案监督活动"的一部分。从2012年开始，浙江省检察机关集中开展破坏环境资源专项立案监督，对重大污染环境案件进行挂牌督办，持续深入推进环保检察、生态检察，5年来，共批准逮捕破坏环境资源保护犯罪案件嫌疑人2316人，提起公诉7522人，批捕、起诉数量位居全国前列。其中，仅2016年就监督立案破坏生态环境犯罪嫌疑人236人，批捕407人，起诉2230人，办理此类案件数位居全国第一。

恢复性司法实现"双赢"

一手打击，一手保护。在严厉打击破坏环境资源犯罪的同时，浙江省检察机关还坚持"恢复性司法"理念，通过补植复绿、增殖放流等方式，结合办案推进生态修复。以庆元为例，从2016年6月陈某某在三汇电站补种下第一批红枫以来，犯罪嫌疑人补植的树木已达3000余株，复绿存活率85%，实现了惩罚犯罪与保护生态环境的"双赢"。

为了对已经被破坏的生态环境进行更好的修复、补偿，在水乡绍兴，检察机关抓住绍兴市为全省唯一一个生态环境损害赔偿制度改革试点的契机，探索建立生态环境公益调查制度，对生态环境和资源保护等领域侵害国家和社会公共利益的行为积极开展公益调查，对需要进行环境损害赔偿的民事案件予以支持。同时，绍兴市检察院还创新生态环境司法修复补偿机制，助推绍兴市政府出台《生态环境损害赔偿磋商办法（试行）》，由检察机关全程监督环保部门与涉及非法排污企业的赔偿磋商。去年以来，绍兴市检察机关已促成环保部门与6家企业达成生态环境损害赔偿协议，金额达145余万元，为进一步修复和改善生态环境提供了资金保证。

公益诉讼又添"利剑"

2017年7月1日，随着检察机关提起公益诉讼制度的建立，检察机关服绿色发展又添一把"利剑"。

通过公益诉讼更好地守护生态环境，浙江省检察机关早已蓄势待发。就在 7 月 1 日这天，衢州市检察院启动了浙江省首例民事公益诉讼诉前程序，针对履行职责中发现的衢州瑞力杰化工有限公司存在污染环境行为、损害社会公共利益的情况，启动民事公益诉讼诉前监督程序，并发布公告支持适格主体提起诉讼；舟山市检察院与市政府建立公益诉讼专题联席会议制度，市长任总召集人，常务副市长、市检察院检察长为召集人，环保、国土、海洋渔业、市场监管等 20 多个部门均为联席会议成员单位；三门县检察院与县政府法制办等 10 个部门联合会签《关于加强行政检察监督协作配合的若干意见》。截至 2017 年 9 月底，全省各级检察院已启动公益诉讼诉前程序案件 82 件，全省 11 个市实现全覆盖，其中生态环境和资源保护领域案件 53 件，为保护生态环境筑起了更坚实的司法屏障。

资料来源：许梅、范跃红、史隽、陈孟文：《滥伐林木者去年种下的枫树已成美景》,《浙江法制报》2017 年 11 月 2 日，第 5 版。

 经验借鉴

浙江省检察机关围绕"两美"浙江和"五水共治""三改一拆"等工作大局，积极履行检察职能，在司法实践中服务浙江绿色发展，努力让浙江的山更青、水更绿、景更美。通过多地的案例回顾，可以总结如下经验做法：①专项立案监督显威力。检察机关集中开展破坏环境资源专项立案监督，对重大污染环境案件进行挂牌督办，持续深入推进环保检察、生态检察。②恢复性司法实现双赢。一手打击，一手保护。在严厉打击破坏环境资源犯罪的同时，浙江省检察机关还坚持"恢复性司法"理念，通过补植复绿、增殖放流等方式，结合办案推进生态修复。③公益诉讼添"利剑"。通过公益诉讼更好地守护生态环境，实现全浙江省 11 个城市全覆盖，为保护生态环境筑起了更坚实的司法屏障。

本篇总结

浙江通过健全执法制度与机制、创新执法模式等途径提高执法能力，利用现代科技提高环境监管执法效率和效能，同时加强引导企业自觉守法，探索公众参与监督的多样化形式，此外，行政执法与司法的联动，大数据与智慧司法、智慧法院的结合等都是浙江环境法治实践的特色。

（一）环境执法

（1）完善制度、创新执法监管思路。诸暨市建立"黄红黑"名单，探索创新惩戒机制，环境违法亮牌管理办法的施行，保障了铁腕执法。同时，加快推进生态环境损害赔偿制度改革，在水乡绍兴，检察机关抓住绍兴市为浙江省唯一一个生态环境损害赔偿制度改革试点的契机，探索建立生态环境公益调查制度，对生态环境和资源保护等领域侵害国家和社会公共利益的行为积极开展公益调查，对需要进行环境损害赔偿的民事案件予以支持。此外，开展以环保"黑名单"制度为核心的环境信用评价体系，为企业评定环境行为信用等级。浙江温岭对污染企业不是单纯的关停，而是整合，控制了污染源也提升了生产效率，强力执法倒逼企业转型。

（2）创新执法模式。诸暨"变频执法"杜绝企业弄虚作假，诸暨市环保局在原有重点污染源随机抽查确定企业和检查人员的基础上，新增随机时间和区域，杜绝企业利用环保部门定期检查制度偷排漏排的可能；金华的网格化环境监管模式，是应对日益突出的环境监管点多、线长、面广，监管责任分散、交叉、不明等问题，通过明确落实全市各级政府环境监管主体责任，整合辖区内负有环境监管职责的各部门监管力量及其相应的环境监管资源，结合社会治理"一张网"，建立了市、县、乡、村四级网格体系。以"零容忍"的态度，使企业自觉履行环保主体责任，切实遵守环境法律法规。浙江省德清县环保部门在持续打击环境违法行为的同时，不断创新工作思路和方法，将暖心服务融入铁腕执法，用"软硬结合、疏堵并重"的方式规范企业环境行为，提升企业环境意识，推动环境质量不断改善。

（3）提升环境执法效能。诸暨市构建了全覆盖的水陆空立体式环境监测体系，全面提升环境监管能力，执法力度位居浙江省前列，并建立在线监测监控信息化平台，覆盖汽车尾气、河道状况、畜禽养殖、农村生活污水等污染源；杭州市在重点环保单位的排污口都安装了污染源自动监控系统，可以24小时不间断监视企业的日常排污行为。义乌的部门联合出击，搜集关键证据，在执法陷入僵局时，部门联动带来新的拐点。

（二）司法探索

（1）建章立制：推进环资审判全覆盖。湖州设置专门的审判机构，完善专门的审判机制，为全面推进环境资源审判专业化的组织打好基础，先后设立环境资源审判庭，搭建了完整的环境审判组织架构，并且陆续发布《关于进一步加强环境资源审判工作的通知》《关于环境资源审判庭受案范围的通知》等系列文件，落实完善涉环境资源类刑事、民事、行政案件统一由环境资源审判庭审理的"三合一"归口审理模式，逐步健全环境资源审理的工作机制。成立安吉法院"两山"巡回法庭，通过邀请旁听、案后座谈、媒体宣传等方式充分发掘巡回审判价值，实现审判、调研、引导、宣传等多位一体的功能。

（2）健全体系，完善机制：加大团队建设专业化。在完善环境资源审判组织结构的同时，湖州法院结合司法体制改革要求，着力打造专家型法官队伍，搭建完成"1+1"和"1+1+1"两种模式9个审判团队并投入运行，同时，探索专家参与环境资源审判的工作机制，与高校、市环保局建立培训共建机制，并建立环境资源专家库。

（3）恢复性司法：湖州市的"补植令""禁止令"开浙江省先河。在重拳打击破坏环境资源违法犯罪的基础上，湖州全市两级法院主动作为，把修复、预防摆在环境司法理念的重要位置，发出了浙江省首例"补植令"及首批"禁止令"，针对毁林种茶的现象，安吉法院发出了浙江省首例"补植令"，环境保护"禁止令"则是向继续实施违法行为的企业、单位或者个人亮出"红牌警告"，对违法行为人采取强制停止实施违法行为措施的制度，并且出台《关于环境保护禁止令实施办法》。在庆元，严厉打击破坏环境资源犯罪的同时，还坚持"恢复性司法"理念，通过补植复绿、增殖放流等方式，结合办案推进生态修复。绍兴市检察院还创新生态环境司法修复补偿机制，助推绍兴市政府出台《生态环境损害赔偿磋商办法（试行）》，由检察机关全程监督环保部门与涉及非法排污企业的赔偿磋商，为进一步修复和改善生态环境提供了资金保证。

（4）有效联动：探索多元共治聚合力。湖州法院主动与公安、检察、环保、国土、农林等部门沟通合作，联合出台《关于加强环境保护司法联动机制的实施意见》，在证据收集与固定、案件审理与调解、判决与监督、执行等方面进行信息互通、资源共享，形成了多元化共治的环境保护大格局。此外，湖州法院将"裁执分离"机制全面适用于环保领域，推动建立由政府主导、基层综合执法部门实施或多部门参与实施的环保行政非诉案件执行联动机制。

（5）公益诉讼：绿色发展，公益诉讼显力量。衢州市检察院还会同该市环保、国土、林业、水利等多部门联合出台意见，加强协同推进生态环境和资源保护领域的公益诉讼工作，各有关行政机关将坚持全面、依法、规范履行法定职责，与检察机关立足各自职能，加强协作，共同推进公益诉讼工作健康开展。

本篇启发思考题

1. 浙江省运用了哪些创新性的环境执法模式？

2. 诸暨的变频执法、德清的暖心执法，体现了浙江环境执法的什么特色？

3. 浙江省的环境司法与环境行政执法是如何联动的？

第四篇

环境监管之产业监管实践

一、水晶老板种起了香榧树

案例梗概

1. 浙江浦江走出了一条生态发展之路。

2. 通过"金色阳光行动"和"清水零点行动"，不让任何一个非法排污者逍遥法外。

3. 引导坚守水晶加工业的企业走上合法高效的发展之路。

4. 投资建设浦江水晶产业集聚园区。

5. 引导水晶生产企业转而发展高效生态农业、农家乐、电子商务等绿色可持续发展产业。

关键词：政府；水晶产业富民毁环境；不让非法排污者逍遥法外；引导水晶产业升级

案例全文

说起浦江，大家第一想到的就是水晶。在过去的二三十年里，闪亮的水晶虽然曾给浦江人的生活带来了光亮，实现了发家致富，但"低、小、散"的水晶加工业却让浦江的水变成了"牛奶河"。面对现状，浦江大力治污，倒闭企业转型升级，走出了一条生态发展之路。

水晶产业富了农民却毁了环境

浦江的水晶产业起源于 20 世纪 80 年代。虽然最先发祥于浦江县虞宅乡一个小村，但很快就发展起来，遍及全县。最高峰时，浦江全县有 2 万多家水晶生产企业和加工户。

朱筱洪是浦江最早一批从事水晶加工的企业主之一，还是浙江省水晶协会副会长。他从 1988 年就开始生产水晶灯饰，后来又扩展到其他水晶产品，一年有 3000 万~5000 万元的销售额。

"全世界 80% 的水晶灯具配件都出自浦江，但浦江却把一个本来附加值很高的奢侈品变成了地摊货。"朱筱洪说，虽然浦江水晶产业发达，但却存在明显的"小、散、乱"现象，"三五个人、有一个磨盘的小作坊，就可以生产水晶。"这样的水晶小作坊，千方百计压缩成本，缩减工艺流程，降低价格抢市场，当然不可能花大价钱投入污水处理设备，所以污水全部非法直排。朱筱洪说，浦江的水之所以成为"牛奶河"，就是水晶加工过程中产生的玻璃粉、抛光粉等混合到河水中，使河水变白。

还有更严重的，一些小作坊偷工减料，用盐酸、硝酸等强腐蚀性液体勾兑成药水，然后把水晶直接投进去，这样不用对水晶抛光，就可以使水晶变得很光亮，但这些药水被用完后就直接倒在山上、水里，"强酸的液体，流到哪里，哪里就寸草不生，对环境破坏非常严重"。

水晶产业虽然让老百姓富了，但环境却变糟了，浦江的水被污染，环境卫生评价满意度也多年排在全省倒数第一，成了"浙江卫生环境最差县"。"坐在垃圾堆上数钱，躺在病床上花钱"成了以前浦江人自嘲时常常挂在嘴边的一句话。

不让一个非法排污者逍遥法外

看到浦江水晶产业的"瓶颈"、由水晶产业发展带来的一系列问题的，并不只有朱筱洪。知耻而后勇。2013 年起，浦江痛下决心，要以重整山河的魄力和壮士断腕的勇气，向水晶行业污染宣战。

浦江治水，实现了全县总动员，不仅发动每个老百姓、每个干部举报身边的"牛奶河"、黑臭河，还通过"金色阳光行动"和"清水零点行动"并举，日夜检查，严整治、强打击，不让任何一个非法排污者逍遥法外。

"这1年多来，通过环保、工商、执法局等部门分别牵头开展整治行动，严打了一大批非法排污企业，关停了18200多家水晶生产企业、淘汰机械设备9万多台。水晶生产企业由原来的2万多家，减少到1768家。"浦江县环保局纪检组长吴岗峰说，在一系列的整治行动中，仅县环保局牵头的"清水零点行动"就开展了657次，查处关闭了偷排污水的水晶加工户5578家。

同时，浦江还取缔无证无照水晶加工户6982家，关停存在严重安全消防隐患的水晶企业1354家，移送相关部门处理533人。

重新擦亮"水晶之都"招牌

除了关闭非法排污企业，浦江还引导水晶产业升级，通过集聚入园、规范治污等办法，重新擦亮浦江"水晶之都"的牌子。

如今，在浦江经济开发区岩头镇分轮村，由浦江县国资公司投资建设的浦江水晶产业集聚园区内，几座标准厂房已经拔地而起。按照"分区规划、分类入园、分质分流"的要求，这里将统一规划、统一建设、统一治污、统一管理，除了将建成水晶烫钻水钻、水晶工艺品、水晶灯具配件3大生产加工区外，还配建了污水处理区，不仅可以统一收集污水，还实现了中水回用。这里成为中国最现代化的水晶工业园。

高效生态农业等迅猛发展

除了引导坚守水晶加工业的企业走上合法高效的发展之路，浦江还引导一批水晶生产企业转而发展高效生态农业、农家乐、电子商务等绿色可持续发展产业。

其实，浦江不仅是"水晶之都"，还是"中国香榧之乡"。在浦江的山上，有很多野生的香榧树，有些已经有上千年树龄。曾经从事水晶加工业的朱筱洪，就把眼光转移到了香榧树上。

朱筱洪承包山林，种香榧树。他还和当地农民一起尝试进行林地股份制开发，愿意和朱筱洪合作种香榧树的农民越来越多。截至2014年7月，朱筱洪的香榧林已有3700多亩共10万多棵树，成了浦江第二大香榧种植基地。

朱筱洪说，进入盛产期后，按照 1 棵树 1 年所摘青果收入 1000 元计算，10 万棵树一年就是 1 亿元。

"后面香榧产量会逐年增加。再过两年，我就打算完全退出水晶行业。"朱筱洪说，他还打算进一步用香榧果开发油料。所以种香榧这条路，他会一直走下去。朱筱洪说，在省水晶行业协会里，有好几家水晶企业的老板和他一样，转入了香榧种植业。

水晶企业少了，但浦江的高效生态农业、旅游、电子商务等产业却快速发展起来。根据浦江县政府的统计，浦江的香榧基地面积迅速增长，成了名副其实的"中国香榧之乡"；农家乐民宿经济高速增长；还有不少人拆了猪棚建起种植大棚，截至 2014 年 7 月浦江全县的大棚葡萄种植面积达 4.5 万亩，赢得了"中国巨峰葡萄之乡"的美誉。而浦江原有的纫缝产业也逐渐远离"黑心棉"之患，产值突破 150 亿元；电子商务更是迅猛发展，网上交易额突破 100 亿元，跨境电子商务居全省第 4 位。

资料来源：许梅：《水晶老板种起了香榧树》，《浙江法制报》2014 年 7 月 16 日，第 1 版。

 经验借鉴

浙江浦江以水晶加工业闻名，但水晶加工业对生态环境造成很大破坏。面对现状，浦江大力治污，倒闭企业转型升级，走出了一条生态发展之路。主要经验有：①全县总动员，不仅发动每个老百姓、每个干部举报身边的"牛奶河"、黑臭河，还通过"金色阳光行动"和"清水零点行动"并举，日夜检查，严整治、强打击，不让任何一个非法排污者逍遥法外。同时，取缔无证无照水晶加工户，关停存在严重安全消防隐患的水晶企业。②引导坚守水晶加工业的企业走上合法高效的发展之路。通过集聚入园、规范治污等办法，重新擦亮浦江"水晶之都"的牌子。投资建设浦江水晶产业集聚园区，按照"分区规划、分类入园、分质分流"的要求，统一规划、统一建设、统一治污、统一管理。③引导一批水晶生产企业转而发展高效生态农业、农家乐、电子商务等绿色可持续发展产业。不仅有"水晶之都"的招牌，还是"中国香榧之乡""中国巨峰葡萄之乡"。

二、行业大整治　纪检监察全程监督

 案例梗概

1. 浙江省杭州市萧山区针对羽绒、印染、化工等 11 个行业进行行业大整治。
2. 对经过整治、允许继续经营的企业进行改造提升。
3. 取缔行业中的低、小、散产能，实现产业转型升级。
4. 纪检监察全程监督，保障整治效果。

关键词：转型升级；整合资源；产业升级；纪检监察全程监督

 案例全文

2018 年 1 月，浙江省杭州市萧山区吹响了羽绒、印染、化工等 11 个行业的大整治号角。截至 3 月底，萧山区全面完成第一批 765 家企业关停取缔及停产规范工作。萧山区行业整治领导工作小组还对各镇、街道等单位的整治工作进行了验收考核。

据了解，在整治之前，这 11 个行业在萧山区共有企业 900 多家。这次整治集中解决 11 个行业中"无证无照、无合法场所、无安全保障、无环保措施"违法问题，对经过整治、允许继续经营的企业要进行改造提升，有条件的还要鼓励企业兼并整合，搬迁入园，促进产业的集约集聚集群发展，进一步提高土地利用效率。

整治淘汰落后产能，实现产业转型升级

浦阳镇有"中国麻编工艺鞋之乡"的称号，其制鞋行业起步于 20 世纪 70 年代末，目前已经形成完整的产业链，如今正面临着一场产业大变局。

由于长期以来缺乏规范有效的管理，浦阳的制鞋业普遍存在规模小、加工技术落后、产品档次低等问题，由此导致恶性竞争激烈、环境污染严重、社会矛盾尖锐等一系列问题。按照 11 个行业大整治要求，目前，浦阳镇已关停整治 484 家企业（作坊），其中 52 家被列入整治提升名单，取得阶段性成果。

首轮整治过后，浦阳鞋业的市场环境得到了进一步提升，那些依法合规的制鞋企业迎来了新一轮发展机遇。

"政府整治淘汰落后产能，不是要取缔这个产业，而是通过取缔行业中的低、小、散产能，把存在的问题解决好，最终实现产业转型升级。"浦阳镇党委书记劳伟刚表示，在整合资源、加大产业转移力度的基础上，浦阳镇正在积极探索分散的鞋业企业以股份制合并的形式明确股转，然后进行兼并、合并，再通过规划建设鞋业行业集聚发展区域，促进已整治企业的品牌化、高端化、集约化发展。

噪声听不到了，气味消失了，村民脸上笑容绽放了。走进新塘街道翰洋羽绒制品有限公司，已听不见隆隆的机器声，看不见空中漫天飞舞的尘绒，工厂的机器和设备已经基本腾空，接下来将迎接最后的验收。

曾几何时，这里周边半平方千米的区域内，聚集了几十家羽绒制品企业，轰鸣的机器声、刺鼻的气味和流淌的废水，让周边的百姓心有怨言，但碍于情面，很多村民选择了睁一只眼闭一只眼。

如今，这样的状况正在改变，噪声听不到了，气味消失了，周围村民的窗户打开了，脸上笑容绽放了。截至 2018 年 3 月 31 日，新塘街道被列入关停计划的 211 家企业（作坊）已全部关停到位，其中关停取缔 123 家，关停规范 88 家。

整治倒逼之下，嗅觉灵敏的企业，早早地谋划起整合资源、产业升级的"文章"来。追溯到 2014 年，当时的杭州东合羽绒制品有限公司、杭州金弘三鸟羽绒制品有限公司和浙江万羽羽绒服饰有限公司为打破竞争格局，联合组建了杭州萧山新塘羽绒有限公司，引领整个羽绒行业从传统走向创新。

"三强合一"后，企业集聚效应也日益凸显。短短几年发展，萧山新塘羽绒有限公司得到了上市公司华英农业股份有限公司的资本青睐，2016 年双方共同出资成立杭州华英新塘羽绒制品有限公司。目前，公司信心指数、管理水平、外界影响力、产品销售、综合实力、抗风险能力有了质的飞跃。

不破不立，不舍不得。统筹"内整资源、外拓市场"，新塘街道在整治过程中还"联姻"邻省，建立起了产业园区，引导企业产业有序转移。

纪检监察全程监督，保障整治效果

能在这么短时间内停产 765 家企业，纪检监察必不可少。为全面整治工作合力，确保工作成效，萧山区委区政府在整治工作一开始，就派驻第七纪检监察组全体成员及区纪委党风室派员组成督查组，入驻集中办公，对整治过程中整治组和镇街工作人员的履职情况进行全程监督。

督查组参与区 11 个行业整治领导小组的各次工作会议，并通过实地走访，认真听取各镇街整治工作推进情况，收集整治工作的问题和困难，分类开展督查，确保督准督实，督出成效。重点对整治过程中整治组和镇街工作人员的履职情况进行全程监督，对领导小组研究取缔关停、停产整治和通过验收企业名单的过程进行监督。

同时，压实责任，盯牢责任主体。为倒逼现场推进组和镇街工作人员履职尽责，督查组实地抽查企业 37 家，了解企业实际停产情况。对督查中发现弄虚作假、默许纵容、阻碍妨碍整治等行为，对相关责任人进行严肃谈话，要求其说明情况并严格按时间节点抓进度抓落实。

截至 3 月 31 日，督查组共走访镇街 23 次，提出意见建议 18 条，对 1 个镇街的相关负责人进行了谈话提醒。

资料来源：钟兆盈、洪凯：《杭州萧山区开展 11 行业大整治——已完成首批 765 家企业关停取缔及停产规范工作》，《中国环境报》2018 年 5 月 2 日，第 5 版。

 经验借鉴

浙江省杭州市萧山区针对羽绒、印染、化工等 11 个行业进行行业大整治。对经过整治、允许继续经营的企业要进行改造提升，有条件的还要鼓励企业兼并整合，搬迁入园，促进产业的集约集聚集群发展，进一步提高土地利用效率。主要经验有：①取缔行业中的低、小、散产能，实现产业转型升级。

萧山区在整合资源、加大产业转移力度的基础上，正在积极探索分散的鞋业企业以股份制合并的形式明确股转，然后进行兼并、合并，再通过规划建设鞋业行业集聚发展区域，促进已整治企业的品牌化、高端化、集约化发展。②纪检监察全程监督，保障整治效果。分类开展督查，确保督准督实，督出成效。对整治过程中整治组和镇街工作人员的履职情况进行全程监督。同时，压实责任，盯牢责任主体。

三、治旧控新　断腕转型

 案例梗概

1. 浙江省台州市对医化行业进行全面的产业监管，促进医化行业转型升级。
2. 全市范围内禁止新建高污染燃料锅炉和直接燃用非压缩成型生物质燃料锅炉。
3. 完善大气污染区域联防联控机制，实施年度大气污染防治行动计划和重点项目，严格实施大气环境质量考核。

关键词：断腕转型；治旧控新；"退、转、升"战略；区域联防联控机制

 案例全文

浙江省台州市因医化行业废气排放而屡屡导致"恶臭袭城"。在历经 3 年的医化行业转型升级大会战之后，终于迎来告别恶臭的最后时刻。

2014 年 8 月，台州市连续发布了《台州市城市扬尘和烟尘整治专项行动实施方案（2014~2017 年）》《台州市大气污染防治工作推进机制》《台州市工业大气污染防治专项实施方案（2014~2017 年）》3 个重要文件，表明了对大气污染防治工作的重视和决心。

监测数据显示，2014 年台州市区环境空气质量优良率达 84.9%，PM2.5平均浓度为 46 微克 / 立方米，平均浓度较上年下降 13.2%。在 2014 年全国主

要城市空气质量（AQI 指数）通报中，台州市 5 个月排名进入前十。

断腕转型挥别恶臭

据台州市环保局相关负责人介绍，台州市以医化行业污染整治为切入点，掀起了一场铁腕治气、断腕转型的大会战。2015 年在主城区椒江区告别恶臭行动中，共退出化工恶臭项目 142 个，26 家医化企业关停或转产。

在"退、转、升"战略的倒逼下，企业或提升整治、或整合重组、或尽可能地向产业链上下游拓展延伸，使这一在椒江区扎根近 30 年的主导产业涅槃重生，实现了经济与环境的双赢。曾经以华东第一原料药基地闻名的椒江医化园区，正逐步成为绿色药都。

2014 年 7 月，台州市黄岩区江口化工区告别恶臭倒计时行动启动，标志着又一场医化行业整治提升行动拉开了帷幕。截至 2014 年 11 月，江口化工区关停医化企业 12 家，退出恶臭项目 69 个，完成整治提升 10 家。

台州市下辖的临海市医化园区环保设施建设也得到全面推进。园区全面升级 RTO 废气末端处理设施和膜技术深度处理装置，从根本上解决了合成革企业的二甲胺废气污染，并对合成革企业的锅炉全面进行脱硫改造。

工业废气治旧控新

台州市以严格环境准入、实施脱硫脱硝、治理工业烟粉尘、控制 VOCs 排放为工作重点整治工业废气。

为减少工业废气排放，从 2014 年开始在全市范围内禁止新建 20 蒸吨 / 小时以下的高污染燃料锅炉和直接燃用非压缩成型生物质燃料锅炉，并在工业园区大力推进集中供热，逐步淘汰热网覆盖区域内的分散燃煤锅炉。同时，在火电、热电等容易造成大气污染的重点工业行业，台州市通过大量新兴工程建设减排。

据了解，2014 年全市共完成 284 个大气减排项目，经初步测算，全市二氧化硫和氮氧化物排放量较 2013 年分别下降了 18.16% 和 17.05%。完成电厂、热电厂脱硫脱硝及除尘技术改造工程 11 个，完成工业有机废气治理工程 78 项，完成餐饮业油烟治理 495 家。

构筑监测火眼金睛

对于环保部门来说，建成自动监测体系就好比拥有了"眼睛"。有了这双"眼睛"，才能够解析污染源及构成源，方便对症下药。

截至 2015 年 9 月，台州市已建成 15 个大气自动监测站和 1 个特殊污染因子自动监测站，并完成对所有大气自动监测站的升级改造，升级后的大气自动监测站，能够监测 PM2.5、一氧化碳、炭黑、能见度和臭氧等指标。台州市共有 3 个空气质量监测国控点，其中黄岩站被环境保护部设为国家空气质量监测直管站。

台州市通过完善大气污染区域联防联控机制，实施年度大气污染防治行动计划和重点项目，严格实施大气环境质量考核。

同时，加大黄标车、小锅炉整治力度，开展有机废气污染治理。会同有关部门制定实施秸秆焚烧、煤场、建筑扬尘治理机制，有效改善区域大气环境质量，保障群众身体健康。

资料来源：丁华慧、晏利扬：《台州告别恶臭袭城——治旧控新断腕转型》，《中国环境报》2015 年 9 月 10 日，第 4 版。

 经验借鉴

浙江省台州市历经 3 年对医化行业进行全面的产业监管，促进医化行业转型升级。主要经验有：①在"退、转、升"战略的倒逼下，企业或提升整治、或整合重组、或尽可能地向产业链上下游拓展延伸，实现经济与环境的双赢。②工业废气治旧控新。全市范围内禁止新建 20 蒸吨／小时以下的高污染燃料锅炉和直接燃用非压缩成型生物质燃料锅炉，并在工业园区大力推进集中供热，逐步淘汰热网覆盖区域内的分散燃煤锅炉。同时，在火电、热电等容易造成大气污染的重点工业行业，台州市通过大量新兴工程建设减排。③构筑监测火眼金睛。建成自动监测体系并完成对所有大气自动监测站的升级改造，升级后的大气自动监测站，能够监测 PM2.5、一氧化碳、碳黑、能见度和臭氧等指标。④完善大气污染区域联防联控机制，实施年度大气污染防治行动计划和重点项目，严格实施大气环境质量考核，同时，加大黄标车、小锅炉整治力度，开展有机废气污染治理。会同有关部门制定实施秸秆焚烧、煤场、建筑扬尘治理机制，有效改善区域大气环境质量。

四、生态变美　家园和谐　药都迎来绿色嬗变

 案例梗概

1. 临海医化园区以污染物减量化、资源化，倒逼企业转型升级。
2. 对医化园区内低小散排污企业进行清退。
3. 保留在园区的企业对生产废物进行环保化、资源化的技术创新与清洁生产。
4. 实行严格的入园标准，注重基础设施建设，规划建设生态公园。

关键词：企业；转型升级；循环化改造；减少污染；清洁生产

 案例全文

　　在民营经济活跃的台州湾北岸，临海人用 17 年时间，在一片荒滩海涂之上，筑起了一个在业内举足轻重的医化产业园。每年，数以百万吨的原料药，从这里发往全球各地，经过二次加工制成药丸、胶囊，惠及千万患者。

　　如今，医药化工已成为临海的支柱产业之一，年产值近 200 亿元，占全市工业总产值的 1/3 以上。得益于医药园区的发展，原本依靠出海讨生活的周边百姓，洗脚上岸发展，生活条件得以改善。然而，"药都"快速崛起的背后，付出的是高污染、高能耗的沉重代价。医药产业给百姓带来真金白银，也带来废气、废水、废渣和对百姓身体健康的威胁。

　　近年来，临海医化园区痛下决心，打破落后产能的"坛坛罐罐"，以污染物减量化、资源化，倒逼企业转型升级。不久前，园区成功通过国家循环化改造试点，被国家发改委点赞，成为绿色发展的典型样本。从灰色到绿色，从高污染的工业区到宜居宜业的产业新城……临海医药园区在产业转型升级的艰难历程上，找到了发展的方向，也找回了发展的自信。

153

朝阳产业遭遇成长烦恼

"今年夏天，村民家里的窗总算敢打开了。"2017 年 7 月 26 日，在临海杜城镇土城村采访，皮肤黝黑的村支书金先国深吸了一口气。这是临海医化园区实现循环化改造后，百姓最直接的感受。

土城村紧邻临海医化园区，最近距离不足 500 米，多年来，村民们对这个"邻居"有着复杂的感情。医药园区未建之前，滩涂边的土城村是远近闻名的经济薄弱村。"相亲的姑娘，一听到是土城村的小伙子，转身就走了。"金先国笑着说。

2001 年，临海医化园区第一家企业奠基，到入驻企业全部建成开工，短短几年时间，数万务工者进入园区，让土城村变得热闹空前。村里不少家庭建起三层洋楼，楼上出租给务工人员，楼下经营餐饮、零售。相比从前捡贻贝、种蔬菜，土城村民的年收入提高了不少。

钱包鼓起来，烦恼也来了。紧邻村庄的医化园区里，挤着 40 多家医药化工企业，60 多家合成革、电镀企业，个个都是排水、排气的重污染大户。"园区刚起步时，重发展轻环保，入园门槛较低。"浙江省化学原料药基地临海园区管委会相关负责人陈敦渊说，这导致部分企业乱排"三废"，园区持续被污染问题困扰。

那些年，各种化学药剂的味道，常年飘散在土城村上空。即便是炎炎夏日，村民们也不敢开窗通风。"一到晚上味道就更重，像踢翻了药水箱，咸辣酸什么气味都有，开窗根本睡不了觉。"

空气臭、水发黑，土城村民与医药企业之间的矛盾越发尖锐，医化园区的环境问题投诉量，常年排名临海环保投诉第一位，园区因此被浙江省环保厅挂牌督办。

如何让村民们不再烦恼，台州市各级部门一直在思考。一方面，医药产业被誉为"永远的朝阳产业"，也是浙江八大万亿产业中大健康产业的重要组成部分。近年来，浙江正实现从医药大省到医药强省的跨越发展，产业发展情景仍然广阔。另一方面，企业污染环境、影响周边村民的事实也客观存在。

医药产业发展，应当如何处理好与周边环境、村民的关系？循环化改造，是实现生产方式根本性转变的必由之路。为此，临海市委、市政府以打造"绿色药都"为目标，加大园区环境综合整治力度，整治多年来存在的历史性、积累性环境污染问题，通过循环化改造，倒逼园区产业转型升级。

循环化改造让园区突围

临海医化园区是全国首批尝试循环化改造的示范试点单位。循环化的核心，是在精简现有企业数量的基础上，对生产废物进行环保化、资源化的循环利用，减少污染物排放、降低能耗，从而实现产业集群化、产品高端化的绿色发展。

临海市相关部门大刀阔斧，结合"五水共治""三改一拆"整治等重点工作，对医化园区内群众反映强烈的低小散排污企业进行清退。13 家环保不达标、改造意愿不强的企业，被勒令退出园区。剩下的企业则在高标准的生产要求倒逼之下，走上绿色生产之路。

位于临海医化园区核心区内的浙江瑞博制药有限公司，是上市药企九洲药业的全资子公司，主要生产中枢神经类药物。走进瑞博厂区，只见绿树环绕，地面清洁，宛如来到公园。一排排香樟树，巧妙地将办公区和生产区分离，空气中闻不到浓烈的异味。

在生产区，20 个耸立的高塔与密布的生产管网相连。这些高塔就是按循环化改造要求，对排放的废弃物进行再收集的设备。"溶剂挥发到空气里就成了污染物 Vocs（挥发性有机物），但如果回收，就是药剂生产的珍贵原料。"企业副总许加君说，新上的设备溶剂回收率达到 90%，可年均减少排放Vocs375 吨，更为企业节省下了数百万元的生产成本。

企业改造实现生产小循环的同时，医药园区内企业与企业之间还能进行大循环，发挥产业集群优势。比如园区内的临海联盛化学有限公司，在生产过程会产生大量废氢气，若不经过处理直接排放，会对环境造成影响。该企业投资 2000 多万元，新建一套氢气回收系统，将废氢气回收后，通过管道卖给气体经营公司，两年时间就能收回改造成本。

"循环化改造，不仅能使污染减量化，还能为企业创造实实在在的经济效益，提高市场竞争力，大家改造的意愿很强。"临海医化园区招商局局长项君敏说。目前，临海医化园区已使用中央补助资金 28.9 亿元，完成改造项目 29个，基本实现企业小循环、园区大循环的改造工作，成为了省内乃至国内医药绿色清洁生产的典范。

企业虽减少，产值却上去了。2016 年，园区医化产业年产值达 152 亿元，比改造前翻了一番，实现税收 7.2 亿元。而园区工业固废综合利用率达到 98%，工业用水重复利用率 75%，大大降低了"三废"的无序排放。

产城融合开启美好未来

临海医化园区循环化改造的基本实现，赋予了台州湾新的想象力。2017 年 3 月，依托临海医化园区和临港产业城，浙江头门港经济开发区宣告成立，未来这里将打造成产城融合、宜居宜业的城市发展新高地。

摊开规划图纸，医化园区、宜居新城、临港工业区，环绕着台州湾依次排布。迎着湾区经济吹来的海风，村民、企业、园区将再次起航，迎接新的历史机遇。

从村民们避之不及的污染源头，到吸引人才落户定居的新城磁极，绿色仍将是临海医化园区的发展底色。

如今的医化园区，早已不是当初的无门槛园区。当地已实行最严格的入园标准：一般中间体项目污染大，基本不能入园；环境影响大、污染重、能耗高的敏感物料被限制使用；污染重、技术含量低的老产品则必须淘汰。

"按照开发区产城融合的理念，医化园区的建设不是把人赶跑，而是要吸引更多的人才进来。"项君敏说，下一步医化园区在继续抓好循环化发展同时，注重道路等基础设施建设，做好整体生态景观营造，真正体现出宜居宜业。

目前，一个占地达千余亩的生态公园正在规划建设之中，而紧邻公园的就是开足马力生产的医药企业。"这既是城市配套，也是医药园区本身发展的需求。"临海市环保局相关负责人表示，有一个洁净良好的环境，是药品安全生产的前提。如果下游企业污染上游企业，各类化工企业互相污染，企业转型重新上生产线，连环评都过不了。

瑞博制药副总经理许加君经常在德国、日本等医药产业发达国家考察。让他印象最深刻的是，当地一些大型药厂环境优美，紧邻着居民区，居民与企业之间毫无冲突，"这是对制药企业最大的褒奖，也是药品品质的保证"。

值得一提的是，土城村的村民们如今与制药企业的关系也越发紧密。2016 年，医药园区里永太、万盛、东泰、东邦、华海等 30 多家企业为土城村筹资近 1000 万元，帮助村庄开展剿灭劣 V 类水和美丽乡村建设。许加君期待的景象，或许不日就可实现。

资料来源：施力维、施佳琦、陈耿、洪洁：《生态变美　家园和谐　药都临海迎来绿色嬗变》，《浙江日报》2017 年 8 月 16 日，第 9 版。

 经验借鉴

临海医化园区以污染物减量化、资源化，倒逼企业转型升级，成功通过国家循环化改造试点，被国家发改委点赞，成为绿色发展的典型样本。主要经验有：①结合"五水共治""三改一拆"整治等重点工作，对医化园区内低小散排污企业进行清退。保留在园区的企业对生产废物进行环保化、资源化的技术创新与清洁生产。企业不仅降低了污染物排放，还节约了成本，增加了额外业务收入。②实行产教融合，融入城市配套。实行严格的入园标准；注重基础设施建设，做好整体生态景观营造；规划建设生态公园。

五、因类施策　环保整治促东阳红木产业高质量发展

案例梗概

1. 东阳市以环保整治工作为突破口，倒逼木雕红木产业转型升级。
2. 对规上和拟培育上规的优质企业进行重点指导，争取全部整改到位，通过检查验收。
3. 选取 8 家企业作为试点，分别到湖州南浔、德清等地学习环保治理经验。
4. 重点引导治污型、高税型、成长型、创新型小微企业入园发展。
5. 建立长效机制，打环保整治组合拳，建立智慧监管平台。

关键词：政府；转型发展；环保整治；因类施策

案例全文

东阳是全国红木家具重要产区，截至 2018 年 5 月有木雕红木企业 2000 余家，年产值超 200 亿元，从业人员 10 余万人。随着行业发展壮大，产业结构"低小散"、环境污染、资源分配不均等问题逐渐成为制约产业转型发展的"瓶颈"。

自 2017 年 8 月中央环保督察组进驻浙江以来，东阳市将环保整治作为一项重大任务来抓，以高度的思想自觉和行动自觉做好整治工作，并以环保整治工作为突破口，倒逼木雕红木产业转型升级，推动产业做大做强，实现产业高质量发展。

截至 2018 年 5 月 28 日，东阳累计关停淘汰企业 587 家；规上企业、拟培育（承诺）上规企业 337 家，已全部完成环评委托协议签订。

因类施策，分类推进环保整治

根据中央环保督察要求，东阳市将全市木雕红木企业纳入整治范围，同步开展废气、粉尘、废水治理，坚持"规范提升一批、整合重组一批、关停淘汰一批"，倒逼企业转型升级。为确保环保整治取得实效，该市成立木雕红木家具行业环保整治领导小组，制定《木雕红木家具企业环保整治实施方案》，分重点区域组建工作指导组开展集中攻坚，在横店、南市、南马、画水等木雕红木家具企业集中的乡镇街道树立样板企业，起到引领示范作用。在推进木雕红木家具企业环保整治过程中，东阳综合考虑企业的规模、效益等，因类施策，对 337 家规上和拟培育（承诺）上规的优质企业进行重点指导，争取全部整改到位，通过检查验收；对 500 多家"四无"企业，坚决依法关停；对处于中间层面的 1000 多家企业，有整改条件的企业，限期整改，鼓励兼并重组、扶持做优做强，对没有整改条件的企业，依法停产整治。

树立标杆企业，发挥引领示范作用

自启动木雕红木家具企业环保整治以来，东阳通过规范提升、整合重组、关停淘汰三大举措，树立标杆企业，以点带面，确保整治取得实效。

东阳市在南市、横店、南马、画水四个木雕红木行业集中的镇街选取 8 家企业作为试点，组织相关部门和企业分别到湖州南浔、德清等地学习环保治理经验，考察当地设备供应商以及家具企业环保设施运行情况，为试点企业先行开展设备安装、审批、验收等工作提供借鉴。

目前，东阳已涌现出许多环保整治标杆企业，起到良好的引领示范作用。其中，新明红木在淘汰落后产能的同时，投入 300 余万元改进环保设施，完成了环保处理设备安装，并相继投入使用；恒达木业在原有自制水帘墙的基础上安装了最新式的水帘墙，新老办法结合，解决了车间的扬尘问题；华夏大不同红木在油漆车间安置环保设备，实现废气"零排放"。

东阳市在召开木雕红木家具行业环保整治工作推进会的同时，已连续多次组织红木企业到这 8 家样板企业参观学习，起到了很好的示范带动作用。

以整治促集聚，打造生产制造示范基地

东阳市以木雕红木家具行业环保整治为契机，开展村（社）居民区低小散污企业"清零入园"专项行动，进一步加快小微企业创业园建设步伐，推动木雕红木企业集聚发展，提高木雕红木产业发展质量和水平。

根据规划，2018 年东阳拟通过政府资金、社会资本、银行融资等多元投入，利用低效用地和闲置土地，高标准谋划建设小微产业园 10 个以上，重点引导治污型、高税型、成长型、创新型小微企业入园发展。

东阳市出台《小微企业创业园管理和评价办法（讨论稿）》，完善配套扶持政策与入园项目负面清单和企业评价体系，规范园区产业、环保、能耗、投资强度等管理，推动红木企业规范、集聚发展。

此外，东阳建立长效机制，打好环保整治组合拳，建立智慧监管平台，推动整个行业更有序、更高水平发展，打造全国红木家具生产制造示范基地。

资料来源：叶永永、黄娇丽：《环保整治促东阳红木产业高质量发展》，《金华日报》2018 年 5 月 31 日，第 A03 版。

经验借鉴

东阳市以环保整治工作为突破口，倒逼木雕红木产业转型升级，推动产业做大做强，实现产业高质量发展。主要经验有：①因类施策，分类推进环保整治。东阳综合考虑企业的规模、效益等，因类施策，对规上和拟培育（承诺）上规的优质企业进行重点指导，争取全部整改到位，通过检查验收；对"四无"企业，坚决依法关停；对处于中间层面的企业，有整改条件的企业，限期整改，鼓励兼并重组、扶持做优做强，对没有整改条件的企业，依法停产整治。②树立标杆企业，发挥引领示范作用。东阳市在南市、横店、南马、画水四个木雕红木行业集中的镇街选取8家企业作为试点，组织相关部门和企业分别到湖州南浔、德清等地学习环保治理经验，考察当地设备供应商以及家具企业环保设施运行情况，为试点企业先行开展设备安装、审批、验收等工作提供借鉴。东阳市在召开木雕红木家具行业环保整治工作推进会的同时，已连续多次组织红木企业到这8家样板企业参观学习，起到了很好的示范带动作用。③以整治促集聚，打造生产制造示范基地。根据规划，今年东阳拟通过政府资金、社会资本、银行融资等多元投入，利用低效用地和闲置土地，高标准谋划建设小微产业园10个以上，重点引导治污型、高税型、成长型、创新型小微企业入园发展。同时出台《小微企业创业园管理和评价办法（讨论稿）》，完善配套扶持政策与入园项目负面清单和企业评价体系，规范园区产业、环保、能耗、投资强度等管理，推动红木企业规范、集聚发展。④建立长效机制，打环保整治组合拳，建立智慧监管平台，推动整个行业更有序、更高水平发展，打造全国红木家具生产制造示范基地。

六、生态红线，产业发展的警戒线

 案例梗概

1. 绍兴市坚持以生态文明建设为统领，积极构建集约高效生产空间。

2. 引导绍兴的产业变迁，使产业结构更加优化。

3.调整的产业涉及印染、化工、医药等绍兴支柱性产业。

4."红线思维"促使产业主体自我约束，主动减少排放。

关键词：红线区；产业变迁；"生态红线"的负面清单；红线战略

 案例全文

2017年2月，浙江划定超过700个"红线区"筑牢生态保护"高压线"。其实，绍兴划定"红线区"时间更早，2015年10月《绍兴市环境功能区划》就已经出台，这一文件将绍兴全境划分为六大环境功能区。其中，自然生态"红线区"69个，占全市总面积的17.14%。

一个重要的特征是，六大环境功能区都列出了负面清单。在"红线区"，一切工业项目都在禁止之列。而在最宽松的环境重点准入区，凡属国家、省、市、县落后产能的限制类、淘汰类项目，一律不得准入，现存企业须限期整改或关停。

这样一个个具体而详细的负面清单，实际上在背后无形引导着绍兴的产业变迁。为了避开这条不可触碰的红线，绍兴的高污染、高排放、高能耗（"三高"）企业正在一步步迁移、转型、提升、蜕变，向"绿色高端、世界领先"迈进，这种趋势也激发了绍兴整个产业结构更趋优化。

产业迁移，最低限度的保护

在生态"红线区"的负面清单里，"三高"企业是无法容忍的。

在绍兴，印染、化工、医药这些支柱性产业的企业，长期以来都是"三高"企业的代表。根据绍兴市环保局相关人士的估算，三大产业消耗的能源和排放的污染物，占到全市工业能耗和排污的80%以上。因此，绍兴的产业要走向"世界领先、绿色高端"，这些企业是绕不过的坎。

形势在这几年发生了巨大变化，一场前所未有的产业迁移正在发生，这也成为对生态红线最低限度的保护。

在国家级生态县新昌，制药产业产值曾长期占到工业总产值的60%，但是 2005 年 7 月，新昌江大面积化工污染，将新昌几家主要原料药生产企业推到了舆论的风口浪尖。痛定思痛，新昌一大批重污染项目关、转、迁、并，治理范围甚至覆盖到电镀、印染、机械、轴承等所有产业。

2008 年以来，该县累计关停新昌江两岸企业和项目超过 40 个，2010 年以来每年淘汰落后产能企业 20 多家。

2014 年，"浙江医药"将主要产能从新昌搬到绍兴滨海新城。其后，投资 78 亿元、规划总用地 1280 亩的大型制药生产基地——"昌海生物"问世，它成立了全省首个环境保护类院士工作站并成为昌海生物—德国杜尔环保工程示范基地。作为绿色企业标杆，它彻底颠覆人们对医药化工行业的认识。新昌另一家制药巨头"新和成"，产业外移到杭州湾上虞经济技术开发区，成立新和成新材料产业园，这被视为"新和成"向新材料领域进军的关键一步。

数据显示，曾经的"众矢之的"医药化工业，在新昌工业总产值中占比已经从 2005 年的 60% 降到现在的 20% 左右，留下来的企业也"嬗变"为生物医药企业。

更大规模的产业转移，在柯桥和上虞等地上演。2016 年，绍兴启动史上最严厉的印染化工行业整治提升。拥有印染企业达 200 多家的柯桥，一举砍掉了 1/3 的产能，2017 年底之前，所有分散在该区各地的印染企业，或者关停或者整体搬迁到滨海工业区集聚，保留印染企业 100 家左右。上虞则对全区 173 家化工企业按照"三个一批"，即关停淘汰一批、并购重组一批、集聚提升一批，实施整治提升行动，力争 2020 年底实现杭州湾上虞经济技术开发区外化工企业搬迁入园，园区内化工企业总量控制在 90 家以内。

1 年下来，全市累计停产整治印染企业 107 家、化工企业 102 家，分别占企业总数的 31.8% 和 34.1%。这一次大规模的搬迁整治，淘汰了大量"三高"企业，极大地减轻了绍兴环境承受的压力。据统计，2016 年，全市规模以上印染企业产量同比下降 2.8%，废水排放量同比下降 13.2%。化工行业整治带来的生态效益是：淘汰落后产能 19.8 万吨，削减废水排放 32.6 万吨，削减用能 4.9 万吨标准煤，腾退土地 1365 亩。

升级蜕变让生态彻底减负

"要让生态环境所受的污染负担不再反弹，从而实现彻底减负，需要产业主体自我约束，主动减少排放。"在市经信委相关负责人看来，要达到这样的效果，企业必须依托技术革新和产业转型来"自我救赎"，往高端进军。

在"绿色高端"和"生态红线"战略引领下，印染、医药、化工等昔日的"三高"行业无不进行着脱胎换骨式的升级蜕变，这些产业展现出的与传统模式迥异的变化，让我们倍感欣喜。

2017 年初，浙江乐高实业股份有限公司（以下简称"乐高"）成功在全国股转系统挂牌上市，成为绍兴印染业破天荒的大事件。

自 2015 年投产以来，乐高一直保持高效的生产状态：投产首年即实现产值 1.5 亿元。2017 年，乐高又投入 2000 多万元，并引进瑞士贝宁格无水印染成套设备，向"无水印染"进军，打造绿色印染。

相同的场景，在杭州湾上虞经济技术开发区也能看到。浙江美诺华药物化学有限公司准备投入 4.5 亿元巨资，分四期治理废气，企业从德国引进环保设备，加强源头治理。浙江博腾药业有限公司在生产工艺上引进了美国全自动控制的蓄热式焚烧 RTO 系统，投料、出料系统全部密闭，车间没有一丝废气。

强化生态约束，让曾经饱受医药企业污染的新昌也起死回生。浙江新和成股份有限公司花 3 亿元建起研发总部，致力环保，成为深圳证券交易所中小板毛利率最高的企业。浙江医药股份有限公司污水日排放量从 3500 吨减到 500 吨，产能却扩大了 20 倍。企业花重金从世界各地聘请制药界一流的技术人员来改造工艺，让原料到成品的转化率接近 100%。因为坚持在"生态红线"外发展，在过去的 10 多年间，新昌完成两次惊人跨越，先后实现了从欠发达山区县到全国百强县、从全省重点污染县到国家级生态县的华丽转身。

红线战略，产业变化晴雨表

相比于"绿色发展"理念给企业指明了未来的方向，"生态红线"的划定，则给绍兴产业的发展标明了"雷区"，它既是企业不可触碰的"高压线"，也是绿色发展的"警戒线"。不管是亟待转型的企业还是全新创立的企业，只有绕过这些"雷区"，才能进入发展的平坦大道。

2016 年 3 月，位于袍江的浙江乐祥铝业有限公司因排放口发现大量废水排入河道，受到了停产的处罚，公司还被绍兴市环保局要求支付环境损害赔偿金 68.8 万元。强有力的行政处罚和巨额赔偿金，让公司负责人深切地感受到"生态红线"的威力。

上虞一生化学有限公司是一家年销售助剂超 1 亿元的化工企业，由于环保方面存在"跑、冒、漏、滴"等问题，群众意见很大，被列入重点整治对象。后来，企业决定永久性关停。如今，公司利用 10 多亩厂房，建起了集购物、餐饮、娱乐等于一体的大型商贸项目，获得了新生。

"生态红线的意义，就在于它以明令禁止的负面清单形式，对企业的行为做出了指引，最终引导企业在追求经济利益的同时，成为环境友好型的有机单位，而不至于走上破坏性的歪路。"绍兴市环保局相关负责人说，2017 年中央出台《关于划定并严守生态保护红线的若干意见》（以下简称《意见》），更是将生态红线战略提到了全新的高度。"以后生态方面对企业的行为规范要求，一定会越来越严格。"

事实上，就在中央的《意见》出台之前不久，绍兴也出台了《绍兴市生态文明建设示范市创建规划》（以下简称《规划》）。这一规划首先便提出了"严格红线管理"的理念，规划明确："严格执行和深化环评制度，从空间准入、总量准入、项目准入三方面入手，加强环境准入管理。遵循区域主体功能定位，落实环境功能区划要求，根据资源环境要素和环境功能空间分布规律，建立健全分区管控的环保目标和政策体系，促进区域生产力布局与生态环境承载力相协调。"

规划还提出了一个目标：建立生态保护红线监控体系，依据生态保护红线空间特征，合理布局 360 度 GPS 监控设备，搭建生态保护红线动态监管平台，以地理信息系统三维立体地图仿真技术为基础，从不同角度不同高度对生态保护红线区域的地形、地貌及生物多样性保护情况进行实时监控，并建立生态保护红线数据库。这意味着，今后抱着侥幸心理企图越过生态红线的企业，将寸步难行。

"红线思维"正从另一个角度一步步将绍兴的产业导向绿色发展的道路。据绍兴市经信委提供的资料显示，2017 年，绍兴淘汰 300 家企业的落后产能，整治提升"低小散"块状企业（作坊）2000 家以上，要求单位 GDP 能耗下降 4%。

围绕着"生态红线"，绍兴市经信委在部门规划中也提出，要着力优化要素配置，严格落实能源"双控"制度，全面推行用能总量指标有偿使用和交易工作，建立用能交易平台，实行核定配额使用、新增量有偿申购、超限额差别收费制度，逐步建立完善用能配置、交易、价格联动机制，争取用能交易取得新突破。

"生态红线战略已经全面实施，绍兴产业的变化成为了晴雨表。"市经信委相关负责人表示。

资料来源：裴金红：《生态红线，产业发展的警戒线》，《绍兴日报》2017年2月27日，第4版。

 经验借鉴

浙江省绍兴市坚持以生态文明建设为统领，积极构建集约高效生产空间，着力提升产业品质、生活品质、环境品质，取得了良好成效。主要经验有：①实行"生态红线"负面清单管理。2015年10月，《绍兴市环境功能区划》出台，这一文件将绍兴全境划分为六大环境功能区，扫清了企业环保违法的灰色地带，引导绍兴的产业变迁，使产业结构更加优化。调整的产业涉及印染、化工、医药等绍兴支柱性产业。②"红线思维"促使产业主体自我约束，主动减少排放。其一是依靠强有力的行政处罚和巨额赔偿金，让公司负责人深切地感受到"生态红线"的威力；其二是依靠企业技术提升，技术引进。

七、以智为核逐绿行

 案例梗概

1. 湖州以生态立市为理念，针对工业强市战略的推进，建立了一套独到的制度体系。
2. 建立以节能减排为核心的工业项目联合审查机制。
3. 培育科技含量高、资源消耗低、污染排放少的新产业。
4. 发展地理信息小镇，培育信息经济。
5. 打造从生产方式的"智造"到产品创新的"智造"，为制造型企业提供绿色支撑。

关键词：政府；制度创新划定绿标；产业培育聚焦低碳；智造为核强化支持

案例全文

在生态立市的大背景下，湖州对于工业强市战略的推进有着独到的一套制度体系。近几年，湖州否定了500多个不符合环保要求的项目，损失上百亿元。"工业经济的发展绝不能以牺牲环境为代价，这是我们在制定各项政策时拿出的标尺。"湖州市经信委相关负责人说。

在这把绿色标尺的丈量下，湖州市建立了以节能减排为核心的工业项目联合审查机制，由发改、经信、环保、建设、规划、国土、安监等相关部门共同把关，实施项目联审制度。

除了项目联审制度，湖州市还不断建立完善以亩均税收、亩均工业增加值、单位能耗工业增加值、单位排污权税收、单位电耗税收为核心的"亩产效益"综合评价制度，对工业企业开展用地、用能效益评价工作。"通过制定电价、水价、用地、用能、排污、信贷、税收等差别化政策，全市上下形成了倒逼落后企业主动淘汰的氛围，成效明显。"市经信委表示，截至2018年6月，除了国家8个高耗能行业，湖州还将差别电价实施范围扩大至砖瓦窑、印染、造纸、化工和制革5个行业，全市超过千家企业实施了排污权有偿使用和交易。

针对土地资源的利用问题，湖州市先后启动了"僵尸企业"整治和"用而未尽、建而未投、投而未达标"低效用地处置办法，并在全省率先探索开展"事前定标准、事后管达标、亩产论英雄"的企业投资项目"标准地"试点。

位于德清县的地理信息小镇，近年来发展迅猛，先后吸引了中科院微波特性测量实验室、浙大遥感与CIS创新中心、中欧感知城市创新实验室等160余家地理信息企业入驻。大到通过卫星系统收集万里之外的空间信息，现代城市的智慧交通、环境监测，小到打开手机APP方便地寻找附近的商场和景点，未来生活的智能化，离不开地理信息技术。2018年11月，首届世界地理信息大会将在此举办，信息经济又一新高地初见雏形。"产业发展对一个地区的经济具有举足轻重的意义，产业结构是否符合当下发展潮流则决定了一个地区经济的走向。"市经信委相关人员认为，地理信息产业在湖州并无发展基础，为培育科技含量高、资源消耗低、污染排放少的新产业，湖州的产业结构调整正向绿色低碳化迈进。

制造业领域的智造并不仅仅停留在生产方式上。在产品的创新上,湖州展现出的成效更为显著。近年来,湖州市持续打好优秀工业新产品、首台(套)、浙江制造精品等创新载体组合拳,大力实施千项产品创新行动。2017年,全市规上工业实现新产品产值1619.8亿元,同比增长25.6%,产值率达37.38%,新增省级工业新产品备案1418项,备案数居全省第一。

制造领域持续不断的创新,给企业带来了实实在在的绿色支撑。在湖州美欣达印染科技有限公司,智造与绿色生产如今已形成了紧密的联系。为了彻底淘汰燃煤锅炉,加强印染废气治理,企业投资5000万元进行技改,在行业内率先实现了煤改气,每年节约标煤1.8万吨。包括美欣达在内,截至2018年6月,湖州市已有6家企业成功入选工信部绿色制造示范名单;久立等4家工厂、天能动力能源生产的两款产品以及现代物流装备高新技术产业园区进入国家第二批绿色制造示范公示名单。

资料来源:邵鼎:《以智为核逐绿行——我市工业绿色智造综述》,《湖州在线—湖州日报》2018年6月24日。

 经验借鉴

湖州以生态立市为理念,针对工业强市战略的推进,建立了一套独到的制度体系。主要表现在:①建立以节能减排为核心的工业项目联合审查机制,由发改、经信、环保、建设、规划、国土、安监等相关部门共同把关,实施项目联审制度。②"亩产效益"综合评价制度,以亩均税收、亩均工业增加值、单位能耗工业增加值、单位排污权税收、单位电耗税收为核心,对工业企业开展用地、用能效益评价工作。针对土地资源的利用问题,湖州市先后启动了"僵尸企业"整治和"用而未尽、建而未投、投而未达标"低效用地处置办法,并在全省率先探索开展"事前定标准、事后管达标、亩产论英雄"的企业投资项目"标准地"试点。③培育科技含量高、资源消耗低、污染排放少的新产业,产业结构调整向绿色低碳化迈进。发展地理信息小镇,培育信息经济。④以产品创新推动绿色制造。打造从生产方式的"智造"到产品创新的"智造",为制造型企业提供绿色支撑。

八、告别粗放装修模式的制度性安排

 案例梗概

1. 浙江省在全国首次以立法形式强制推广绿色建筑。

2. 颁布《浙江省绿色建筑条例》。

3. 出台《关于推进绿色建筑和建筑工业化发展的实施意见》。

4. 通过实施强制性标准、强有力的监管制度来保障建筑的健康性，保护环境要求，规范产业发展。

关键词：政府；推广绿色建筑；节约资源；减少污染

 案例全文

2016年9月10日，浙江省政府办公厅印发《关于推进绿色建筑和建筑工业化发展的实施意见》（以下简称《实施意见》），意见提出："10月1日起，全省各市、县中心城区出让或划拨土地上的新建住宅，全部实行全装修和成品交付，鼓励在建住宅积极实施全装修。"

2016年5月1日起，《浙江省绿色建筑条例》正式施行，浙江以立法的方式强制推广绿色建筑在全国尚属首个。此次《实施意见》的出台是在《浙江省绿色建筑条例》基础上的细化和完善，省住建厅相关负责人说："这是继我省在全国率先提出实现新建住宅全装修全覆盖后，又率先明确住宅全装修的实施时间及范围。"

从宏观上来说，推动绿色建筑发展，提升住宅产业化水平，促进建筑产业现代化，助推房地产行业精细化发展，逐步告别"毛坯房"的建设方式，是推动绿色发展的必由之路。

事实上，"毛坯房"存在的诸多问题显而易见，二次装修造成主体结构破坏、资源浪费、装修扰民等问题成了"城市病"的一些诱因。在住宅品质不断优化和居住环境要求不断提升的同时，我国房地产发展方式却比较粗放。随着经济社会发展，房地产市场必然会向理性回归，"毛坯房"是该退出历史舞台了。

从现实的层面来看，老百姓需要全装房、精装房吗？答案是肯定的。从墙面粉刷到房屋设计，与装修公司斗智斗勇，和建材商贩讨价还价，铺砖、改电、换窗、选材……装修不停，浪费不止，污染不息，麻烦不断。老百姓花了大半辈子的钱买房，却囿于这些因素颇费一番周折才能住进去。因此，市场上亟须有真正意义上从老百姓角度出发的"绿色建筑"。

其实，"绿色建筑"的概念已经提出多年。"绿色建筑"是指在建筑全寿命周期内，符合节能、节水、节地、节材和减少污染、保护环境要求，为人们提供健康、适用和高效的使用空间，与自然和谐共生的民用建筑。2006年住房和城乡建设部就颁布了《绿色建筑评价标准》，各地也以多种方式积极推广绿色建筑，但效果很一般。2008年住房和城乡建设部发文，要求各地制订相关扶持政策，引导和鼓励新建商品住宅一次装修到位或"菜单式"装修模式，逐步实现取消"毛坯房"。2014年以来我国多部有关绿色建筑推广的标准密集出台，但这些标准要落地必须有制度保障。

浙江省的做法是全国首次立法强制推广绿色建筑，既具有示范、借鉴价值，更有利于在房地产市场的供给侧推广绿色建筑。除了普遍叫好，如何循序渐进地实现住宅全装修这一目标，成了接下来公众关注的焦点：比如增加装修后房价会不会更高？装修会不会掩盖房屋质量问题？开发商统一装修能否保证建材质量和环保？即便是"菜单式装修"，能否满足这么多人的个性化要求？如何避免二次装修的问题？

需要注意的是，精装房既是大势所趋，装修质量则必然是公众关注的重中之重。以往买精装房"本为省心"、交房后却"伤心维权"的案例不在少数，"精装房"变"闹心房"使消费者走上漫漫维权路。许多声名显赫的大开发商也纷纷中招，市场上缺乏大量高素质的装修队伍，这会成为市场需求与现实状况之间的主要矛盾。

每个人2/3的时间都生活在建筑内，建筑品质的高低直接影响着每个人的健康和幸福。品质优良的精装房大家翘首企盼，告别粗放装修模式同样需要制度性安排，为此，亟须通过实施强制性标准、强有力的监管制度来保障建筑的健康性。无论是政策制定者、房产开发商，还是装修公司、监管团队，使老百姓住上健康、适用和高效的使用空间，与自然和谐共生的民用建筑，还有很长的路要走。

资料来源：郑晖：《告别粗放装修模式的制度性安排》，《杭州日报》2016年9月19日，第2版：西湖评论。

 经验借鉴

　　浙江省在全国首次以立法形式强制推广绿色建筑，既具有示范、借鉴价值，更有利于在房地产市场的供给侧推广绿色建筑。浙江以立法的方式强制推广绿色建筑在全国尚属首个。浙江省政府办公厅继《浙江省绿色建筑条例》印发及正式施行后，时隔四个月出台《关于推进绿色建筑和建筑工业化发展的实施意见》，该文件是在《浙江省绿色建筑条例》基础上的细化和完善，通过实施强制性标准、强有力的监管制度来保障建筑的健康性，保护环境要求，规范产业发展。

九、绿色建筑促绿色城市变革

 案例梗概

1. 绿色建筑成为台州绿色城市变革的主题。
2. 建设被动式超低能耗绿色建筑示范项目，项目住宅建筑要求严格按照二星级及以上绿色建筑强制性标准建设。
3. 签订关于被动超低能耗绿色建筑示范项目履约监管协议。
4. 建筑工地可循环，把生态循环的理念贯穿到了整个建筑的全寿命周期。
5. 发展以绿色节能和生态循环为主题的台州湾循环经济产业集聚区。
6. 着力创建海绵城市和绿色建筑先行区，打造"生态水城"。

关键词：企业；绿色城市；低能耗；绿色建筑；可循环

案例全文

　　绿色，毫无疑问将成为中国今后发展的主色调。而秉承生态、节能、可持续发展理念的绿色建筑，将掀起中国城市发展的一场大变革。

　　从全国率先推出绿色城镇行动方案，到全国首个完成绿色建筑专项规划编制，再到入选全国第二批城市设计试点……台州，这座一向低调的沿海城市，正在不知不觉中成为这场大变革的弄潮儿。

一种人居的理念之变——住宅，应该是会"呼吸"的

　　一间会"呼吸"的房屋是什么样子的？

　　在玉环的浙江永德信绿建科技有限公司厂区，就有这样一间会"呼吸"的房子。室外骄阳似火，走进这间 700 平方米的房子，不见空调，却瞬间凉爽。墙上的小液晶屏显示室温在 24 摄氏度。

　　"这间屋子内没有空调，全靠独特的房屋构造构成一个清凉世界。这就是当前国际最流行的被动式超低能耗绿色建筑，简称被动房。"公司负责人彭汉平表示，恒温、恒湿、恒氧、低噪、适光以及清新的空气是被动式建筑的标配，其奥秘就是通过高隔热隔音、密封性强的建筑材料，以及日光、地热等自然能源的系统控制，实现自主"呼吸"。

　　普通住宅建设成绿色建筑，是未来台州人居环境的风向标。2017 年 7 月，以 10.8 亿元成交的地块创下台州市区楼面价新高，值得注意的是，这是椒江区以较低的起始价在市区热门地块挂出首个规划建设用地面积达 63569 平方米的被动式超低能耗绿色建筑示范项目，项目住宅建筑要求严格按照二星级及以上绿色建筑强制性标准建设。另外，还要建设不少于 3000 平方米被动式超低能耗绿色建筑体验馆。拿地房企除签订成交确认书外，还要签订关于被动超低能耗绿色建筑示范项目履约监管协议。

　　"被动房具有超低能耗、超微排放、超高舒适度等特点，比传统建筑节约能耗 80% 到 90%，对建筑本身来说也更加高质、环保、长寿，是国际公认的发展方向。"台州市住房和城乡建设局相关负责人表示。

　　也正是出于这一认知，早在 2012 年，台州就出台了《绿色城镇行动方

案》，大力发展绿色建筑。2017 今年 6 月 7 日印发的《台州市绿色建筑专项规划（2016-2025 年）》，进一步明确未来在城镇建设用地范围内新建民用建筑全面按一星级绿色建筑强制性标准建设，实现绿色建筑全覆盖；国家机关办公建筑和政府投资的或以政府投资为主的其他公共建筑，按照二星级以上绿色建筑强制性标准进行建设。

"不管是夏天还是冬天，回到家都是很舒适的温度。"早在几年前，市民李展明就在家里安装了一套被动房装置，"虽然绿色住宅被普遍接受还需一个过程，但我相信这一天不会太远。"

一个行业的方向之变——建设，应该是可持续的

一个可循环的工地是什么样子的？

在仙居的宇杰集团总部中心项目工地上，见不到飞扬的尘土、杂乱的堆放，一切都显得井井有条。工地上的水循环系统，收集雨水后，用于喷洒除尘、冲洗车辆，而污水又可以继续回收再利用。

"我们现在看到的只是表面，其实我们从通风、保温、隔热等方面的规划、设计，到施工、管理；从噪声、粉尘控制，到钢筋余料、废旧模板等传统意义上的建筑垃圾再利用，都有一整套严格的规范，可以说是把生态循环的理念贯穿到了整个建筑的全寿命周期。"项目经理应双利介绍说，这是他们首次按照二星级绿色建筑强制性标准设计施工的绿色建筑，一开始做好了成本大增的准备，但整个项目实施下来，除去买新设备等增加的 45 万元成本，成本总计反倒节约了 128 万元。

在同样以二星级绿色建筑认证为目标的仙居金融中心项目工地，也有类似的场景。施工单位负责人坦言，这对他们也是一次自我提升的革命。"这是建筑行业发展的新方向，越早适应，就越能抢到先机。"仙居县建设规划局建筑工程管理处负责人表示，作为浙江省首个县域绿色化发展改革试点县和全省唯一城乡建设转型综合试点县，仙居以创建浙江省绿色建筑示范县为目标，在绿色建筑方面自我加压，得到了各个建筑单位的积极响应。

为鼓励相关企业主动作为，台州在专项规划中明确表示，今后，政府将从土地供应、规划指标、金融支持、科研支撑、专业人才培养等方面着手，

为建筑工业化提供政策支持和要素保障。此外，从 2017 年 10 月 1 日起，中心城区范围内新出让或划拨土地上的新建项目全部采用装配式建筑（个人建房鼓励采用装配式建筑）；从 2021 年至 2025 年，全市新出让或划拨土地上的新建项目全面推广装配式建筑，装配式建筑占新建建筑面积比例达到 50% 以上。同时，还鼓励有条件的建筑设计、部件构件材料生产、装配施工、建筑设备、装饰装修、工程总承包等企业，单独或联合设立新型建筑工业化生产基地，以规模化生产降低成本。

"绿色建筑是未来建筑的发展方向，加上政府还有税收补贴，对很多企业来说有一定的吸引力。"台州有不少企业开始布局绿色建筑发展战略，台州市建筑业行业协会秘书长林伟军信心十足地说，"绿色建筑必将是全产业链布局，市场规模将达上万亿元"。

一座城市的发展之变——都市，应该是有生命的

一个有生命的都市是什么样子的？

2017 年 8 月，在市区东部的台州湾循环经济产业集聚区，台州市首个大型生态基础设施 PPP 项目、省内最大的生态湿地水处理工程——台州湾现代农业水生态工程建设现场，工人们正在紧张有序地施工。

"去年在景观工程、地形塑造方面，已完成 80 万立方米土方回填。这些土方，是洪家场浦的河道淤泥，实现了资源回收利用。"集聚区建设局水环境整治科负责人介绍。

富有生命力的绿色节能和生态循环，在台州湾循环经济产业集聚区随处可见：用废旧建材、老旧塘石等材料造景，将鲍浦河两岸景观带打造成休闲滨水带；通过减少不可再生建材使用，将绿脉南路南岸景观带打造为湿地景观渗透带……

"台州市要求集聚区着力创建海绵城市和绿色建筑先行区，打造'生态水城'。"集聚区有关负责人介绍说，集聚区行政服务中心就是全市第一个通过国家二星级绿色建筑设计、运营标识评审的项目。整幢大楼充分利用自然条件，增强冬天采光、夏季通风，降低空调使用率；屋顶有一个面积达 1359 平方米的绿色花园，既美化环境，又增强房屋的保温隔热效果；雨水回收利用系统，每年可回收雨水量为 22992 立方米，连同再生水用于景观

绿化的喷灌以及道路冲洗等；可循环利用材料使用量占所用材料总量 10% 以上。

集聚区只是一个先行者。目前，台州已明确提出了高于全省标准的努力目标，2020~2025 年新建民用建筑按二星级及以上绿色建筑强制性标准建设的建筑面积占新建民用建筑比例达到 26% 以上。

台州还从城市总体规划、控制性规划、修建性详细规划等方面着手，将绿色建筑作为刚性要求纳入土地出让、项目审批、房产销售等环节。

资料来源：杨群、朱海兵、罗亚妮、夏逸凡：《在这里，绿色的房子会"呼吸"——绿色建筑的台州探索》，《浙江日报》2017 年 8 月 18 日，第 1 版。

 经验借鉴

秉承生态、节能、可持续发展理念的绿色建筑，成为台州绿色城市变革的主题。从全国率先推出绿色城镇行动方案，到全国首个完成绿色建筑专项规划编制，再到入选全国第二批城市设计试点，台州在规范建筑业发展、打造绿色城市的进程中，主要经验有：①以技术、政策引领人居理念的转变。建设被动式超低能耗绿色建筑示范项目，项目住宅建筑要求严格按照二星级及以上绿色建筑强制性标准建设。另外，拿地房企除签订成交确认书外，还要签订关于被动超低能耗绿色建筑示范项目履约监管协议。台州出台《绿色城镇行动方案》《台州市绿色建筑专项规划（2016-2025 年）》，规范绿色建筑标准。②打造可持续的建筑行业。建筑工地可循环，把生态循环的理念贯穿到了整个建筑的全寿命周期，同时政府从土地供应、规划指标、金融支持、科研支撑、专业人才培养等方面着手，为建筑工业化提供政策支持和要素保障。③发展以绿色节能和生态循环为主题的台州湾循环经济产业集聚区，着力创建海绵城市和绿色建筑先行区，打造"生态水城"。此外，台州还从城市总体规划、控制性规划、修建性详细规划等方面着手，将绿色建筑作为刚性要求纳入土地出让、项目审批、房产销售等环节。

十、"三张网"打造绿色交通体系

案例梗概

1. 嘉兴市基本形成绿色循环低碳的交通运输体系。
2. 以综合交通体系建设为引领，全力打造"经济高效"交通网。
3. 加快打造低碳航区，加快优化公路结构，加快构筑绿色物流体系。
4. 以环境友好型行业建设为核心，全力打造"绿色低碳出行网"。
5. 以资源节约型行业建设为落点，全力打造"科技创新节能网"。

关键词：绿色交通；经济高效；绿色低碳出行；科技创新；交通环境专项整治

 案例全文

2019 年 5 月，嘉兴市创建绿色交通城市以优异成绩通过交通运输部考核验收。几年来，嘉兴市以"建设现代江南水乡绿城，打造美丽嘉兴绿色交通"为目标，全面完成 43 个目标和 53 个重点支撑项目建设，全力打造经济高效交通网、绿色低碳出行网、科技创新节能网，实现年节能量 6.3 万吨标准煤，替代燃料量 4.2 万吨标准油，年减少二氧化碳排放 13.4 万吨，每万元减少排放 0.73 吨二氧化碳，超额完成了节能减排目标任务，基本形成绿色循环低碳的交通运输体系。

（一）以综合交通体系建设为引领，全力打造"经济高效"交通网

一是加快打造低碳航区。按照"宜水则水、宜陆则陆"的原则，以"内畅通、外通海、海河并举"为目标，加快推进以"海河联运"为特色的高等级航道网建设，截至 2019 年 5 月，内河航道总里程 1974 千米，航道密度 50 千米 / 百平方千米，三级、四级以上航道总里程分别达 121.5 千米、321.5 千

米，四项指标均位列全省首位。2018年内河港口吞吐量突破亿吨大关，达1.07亿吨，海河联运中转货物达3269万吨、内河集装箱运输达20.4万标箱，均创历史新高，水运低成本优势进一步显现。

二是加快优化公路结构。近年来，嘉兴市交通运输部门紧紧围绕综合交通要求，着重实施路网结构优化工程，重点推进嘉兴高速公路"三横三纵四连"和干线公路"五横五纵"路网骨架建设，加快中心城区至各县（市）快速通道建设，促进统筹城乡交通发展，减少断头路，形成高速公路、普通国省道、农村道路相互配套，城乡一体、区域协调的立体路网。截至2018年底，嘉兴市公路密度超过210.5千米/百平方千米，居全省首位，公路实现了村村通，建成"153060"便捷路网格局，实现对外交通高速化、对内交通快速化。

三是加快构筑绿色物流体系。加快运力结构调整和发展先进运输方式，推进交通运输物流公共信息平台建设，推进部、省、市三级甩挂运输试点项目建设，整合县乡区域物流（快递）资源，大力推进农村物流示范项目发展，不断促进物流资源优化配置。截至2018年，全市营运船舶平均吨位537吨，营运货车平均吨位11.3吨，为2014年的190%、179%。

（二）以环境友好型行业建设为核心，全力打造"绿色低碳出行网"

一是强化污染源头防治，着力开展交通环境专项整治。建设"一港六区十六重点作业区"，助推企业从松散向集约、从小散差向洁优美转变，开展集装箱绿色码头创建，全面完成码头环境综合整治任务，关停提升码头1294座，完成码头土地整理3640亩。在全省率先开展美丽码头（港区）创建，率先推进船舶"三不一推"（船舶不违规排放油污水，船员不随意丢弃垃圾、危险品，船确保不泄露，推进船舶清洁能源应用），2014年起建成首个船舶油污水回收点，首艘油污水回收船开建，截至2018年已形成内河船舶污染防治"一船一站一机制"建设，完成单壳油轮、单壳化学品船淘汰，累计回收各类车辆危废8353吨，船舶污染物468吨，安装码头岸电桩144套、货船生活污水收集存储416艘。同时，推进"三改一拆"工作，全面完成公路沿线生活、建筑垃圾清理，加大公路污染源整治力度。

二是强化低碳出行引导，着力推进公共交通示范建设。围绕打造"快、干、支"三级网络的目标，加快公交线网调整和公交专用道建设，不断完善公交线路优化和细化公交线路提速举措，倡导交通"258"行动，并在全省率先改革城乡客运管理模式。嘉兴市公交专用道累计建成67.4千米，形成"三横三纵"专用道网络。推广城市公共自行车31560辆，城市重要交叉口公交优先通行信号设置比例达到63.8%，全市公交通村率达100%，是全国首个实现县市公共自行车全覆盖的地市。

三是强化生态景观建设，全力构建美丽经济交通走廊。围绕"畅安舒美"示范路标准，按照修一条路（航道）、造一片景、富一方百姓的理念，加大绿化带、边坡复绿、乔灌搭配等提升力度，不断提升交通绿化的品位和档次，全力推进美丽经济交通走廊创建。累计完成创建824.5千米，其中美丽公路675千米、美丽航道149.5千米，新增公路航道绿化626.3万平方米，助推生态环境优势转化为产业和发展优势，2018年海宁、桐乡成为全省首批万里美丽经济交通走廊6个示范县、19个达标县之一。

（三）以资源节约型行业建设为落点，全力打造"科技创新节能网"

一是加快智慧交通建设，推进行业管理转型升级。以全省首批智慧交通试点城市为契机，积极推进交通综合信息服务平台建设，累计完成交通信息平台、公众信息服务、基础设施管理、运载装备监管、交通秩序管理和交通应急管理6大工程131个项目建设任务。在全省率先推广船舶无线射频技术运用，推进内河船舶综合监管系统建设，实现了船舶不停航监管，加快"船联网"示范工程建设，实现了内河航道建设、安全监管的智慧监控，开启了长三角及京杭运河水系智能航运服务物联网应用工程先例。公交服务上建成"车来了"全国首个公交大数据分析平台，公交"移动支付"实现全覆盖。

二是加快新科技应用，推进交通运输节能减排。坚持节能环保、绿色循环、低碳发展的理念，研究推广循环利用和节能减排等"四新"技术，加强废弃路面旧料的回收利用，在全省率先运用乳化沥青再生新技术，试点实施水泥稳定碎石冷再生技术27.6千米，实施乳化沥青就地冷再生及预防性养护69.3千米，全市路面旧料回收率达97%以上，循环利用率达87%以上，路面旧料回收率达100%、路面旧沥青回收率100%，循环经济利用率100%。全省率先使用船舶RFID和AIS技术，大力推广汽车废水循环设备，推进驾培模拟器建设等，建成ETC车道133条，累积发展ETC车辆用户47万余辆，

ETC 客车通行率达到 44.2%，可实现年节油量 42 万升，取得了显著的节能减排效果和良好的社会效益。

三是加快清洁能源利用，推广节能环保交通装备。重点推进公交车、客运班车及旅游包车的黄标车淘汰工作，加快推进船舶标准化建设，开展内河老旧运输船舶及小吨位船舶拆解行动。同时，大力推行双燃料出租车，加大了新能源车更新力度，推进内河船舶清洁能源使用，全省首艘新建 LNG 双燃料船在嘉兴市开工建设。全市累计推广清洁能源与新能源公交车 713 辆、天然气出租车 521 辆，占全市总量的 59.4%、97.7%。

资料来源：浙江省交通运输厅，http://www.zj.gov.cn/art/2019/5/15/art-1553099-34072981.html，2019-05-16。

 经验借鉴

嘉兴市以"建设现代江南水乡绿城，打造美丽嘉兴绿色交通"为目标，基本形成绿色循环低碳的交通运输体系。主要经验做法有：①以综合交通体系建设为引领，全力打造"经济高效"交通网。加快打造低碳航区；加快优化公路结构；加快构筑绿色物流体系。②以环境友好型行业建设为核心，全力打造"绿色低碳出行网"。强化污染源头防治，着力开展交通环境专项整治；强化低碳出行引导，着力推进公共交通示范建设；强化生态景观建设，全力构建美丽经济交通走廊。③以资源节约型行业建设为落点，全力打造"科技创新节能网"。加快智慧交通建设，推进行业管理转型升级；加快新科技应用，推进交通运输节能减排；加快清洁能源利用，推广节能环保交通装备。

十一、如何鼓励餐饮业减排

 案例梗概

1. 浙江庆元县出台《关于进一步加快发展服务业的实施意见》，打造"绿色厨房"。

2. 明确将全县餐饮业厨房改造项目列入服务行业专项补助范畴。

3.将餐饮业厨房改造列入"绿色能源行动"工作和县年度污染防治重点工作。

4.在各营业场所开辟"绿色厨房"建设绿色通道。

关键词：政府；绿色厨房；节能减排；以电代煤；降低成本

 案例全文

"真没想到，我们的灶台升级，费用政府帮忙埋单！"看着厨房崭新的电磁灶台，浙江省庆元县"乡里人家"餐饮店老板吴贵生乐开了花。

2017年，吴贵生将经营了6年的店铺装修一新。原本还想继续使用老式燃油灶，却因为环保局工作人员的建议而改了主意。"根据县里的文件，将燃油灶改为更节能环保的电磁灶，我至少能拿到2.6万元补助。"吴贵生说。

吴贵生所说的文件，指的是庆元县此前出台的《关于进一步加快发展服务业的实施意见》，该文件首次明确将全县餐饮业厨房改造项目列入服务行业专项补助范畴。

庆元县为何要将环保工作聚焦到小小的厨房上？"可不要小看餐饮业传统厨房污染物排放的问题。"县环保局环境监察大队长吴志强说，"目前全县各类餐饮企业共430家左右，每年使用燃油约480吨，折合年碳排放量达1517吨。"早在2004年，庆元就在中国环境监测总站多项评价指标的考核中位居全国第一。如今，庆元环境保护已走上精细化、科学化管理的路子。

"针对餐饮业污染，县里正逐步引导建设绿色厨房。"吴志强表示，目前推广的电磁厨具热效率达90%以上，成本较传统燃气灶具低40%~75%，加热速度更快，年碳排放量降低30%以上。

对厨房实施环保改造，实际效果如何？在庆元县国际大酒店厨房里，原来的燃油灶换成了外表银白的电磁灶，厨师通过仪表盘和开关精准控制温度，以往油烟缭绕的场景大大减少。

"这是个真正的'绿色厨房'、省钱厨房。"酒店餐饮部经理胡志芬算了一笔经济账：酒店实施绿色厨房改造共投入7万元，改造后每月有约5000元的支出，传统的柴油灶建设成本为2万元，每月燃料成本平均8000元。改造后厨房一年节约资金3.6万元，一年半的时间就能收回改造成本。"接下去我们也会积极申报项目补助，在节能减排中享受政府发放的红利。"胡志芬说。

据有关方面介绍，为积极推进"以电代煤"工作，庆元县将餐饮业厨房改造列入"绿色能源行动"工作和县年度污染防治重点工作。2017 年以来，庆元县积极倡导"煤改电"的能源消费新模式，深入开展市场调研，并出台系列鼓励政策，免费承担部分设施改造工程费用。同时，在各营业场所开辟"绿色厨房"建设绿色通道，对高效电磁炉灶替代改造增容、报装客户实行"一站式"服务，减少用户改造时间和降低改造成本。截至 2017 年 12 月，庆元已完成 20 多家餐饮行业的"绿色厨房"改造。

资料来源：方敏：《企业把燃油灶改为电磁灶可拿到政府补贴　浙江庆元鼓励餐饮业减排》，《人民日报》2017 年 12 月 9 日，第 9 版。

 经验借鉴

浙江庆元县出台的《关于进一步加快发展服务业的实施意见》，拉开打造"绿色厨房"的序幕。主要经验有：①政府补助提高厨房改造积极性。庆元县此前出台的《关于进一步加快发展服务业的实施意见》，文件首次明确将全县餐饮业厨房改造项目列入服务行业专项补助范畴。②倡导"煤改电"的能源消费新模式。为积极推进"以电代煤"工作，庆元县将餐饮业厨房改造列入"绿色能源行动"工作和县年度污染防治重点工作。2017 年以来，庆元积极倡导"煤改电"的能源消费新模式，深入开展市场调研，并出台系列鼓励政策，免费承担部分设施改造工程费用。③开辟"绿色厨房"建设绿色通道。在各营业场所开辟"绿色厨房"建设绿色通道，对高效电磁炉灶替代改造增容、报装客户实行"一站式"服务，减少用户改造时间和降低改造成本。

十二、重化工区创建国家级生态示范区

 案例梗概

1. 浙江省宁波市镇海区正在创建国家级生态示范区，且工作成效显著。

2. 开展企业环境行为等级评定活动，对不符合等级评级标准的依法管理。

3. 改变以往追着企业治污、跟着举报查处的被动局面，环保局建立预警机制。

4. 创办环保市民学校，建立面向社会的重点企业环境行为报告会制度。

5. 组织一支具有广泛社会基础的环保义务监督员队伍。

关键词：政府；依法治污；科技治污；全民治污

 案例全文

浙江省宁波市镇海区是一个重化工为主业的区域，该区在创建国家级生态示范区方面工作成效显著，依靠的是三件"法宝"。

第一宝：依法治污

在 LG 甬兴化工现场，污水处理池上安装着密封罩，这是为防止池中异味溢出而增加的辅助设施。据了解，截至 2006 年 9 月，公司治污已花了近 4000 万元，特别是主动对 74 个无组织排放点的废气进行了搜集密闭处理，起到很好的效果。

LG 甬兴化工重视环保还有一段故事，2003 年的一天，公司的韩国老总急匆匆跑到镇海区环保局局长郑玉芳的办公室："郑局长，为什么我们公司被评了黄色？"（在镇海区环保局当年首次开展的企业环境行为等级评定活动中，LG 公司被公示为第三等的黄色）。郑玉芳说："因为你们公司超标排污，违反了我们国家的环保法规。"韩国老总又说："你说得有道理。你看这样行不行：我们认罚 10 万元，但是别公布我们被评为黄色。"郑局长说："这恐怕不行。黄色是大家根据你们公司的环境行为评出来的。你们要下决心搞好污染治理。"韩国老总回去后立即召开了公司的环保会议，撤职的撤职，扣钱的扣钱，要求一定要早日改变黄色。1 年后，LG 甬兴化工转黄为蓝，去年蝉联蓝色，成为了宁波全市首批通过清洁生产审核的企业。

截至 2006 年 9 月，镇海区化工企业已投入了 4 亿元，基本解决了化工废气的污染问题。

第二宝：科技治污

宁波是我国重化工基地，而镇海是重中之重，化工园区占了全区面积的1/5，有大小化工企业近百家。化工企业与城区相邻，市民的心里总悬着些什么。2002年5月18日，数千市民上街游行，抗议化工烟气、异味带来的污染。说起这些，郑玉芳记忆犹新："那时我们这里上上下下真是谈'化'色变。"为此，区委、区政府在全区开展了化工污染重点整治和严格执法，半年好转，一年见效。为改变以往追着企业治污、跟着举报查处的被动局面，环保局动起了先入为主的脑筋，决定建立预警机制。他们花300万元从意大利进口了一套大气特殊污染因子在线自动监测设备，也就是小曹口中的"秘密武器"，能对36种大气特殊因子做出实时监测反映，灵敏度极高。一次，一家化工厂焚烧炉出现故障，炉温从800℃下降至600℃。"秘密武器"自动报警，监察人员循迹而去，迅速确定方位及时查处。要在以前，等污染影响到城区，群众投诉举报，再派人一家家排查，还要对付企业之间相互推诿，费大事了。更重要的是，通过这一预警平台，既提高了企业自我加压的环保意识，也为环保部门及时处置各类突发情况赢得了时间和主动，知道得早，讲得清，摸得准，真正做到把污染事故控制在苗头状态，以解除群众的心病。

第三宝：全民治污

镇海区22万人口，2005年GDP为193亿元，财政收入为26亿元，化工工业产值占全区总产值的2/3强。因为居民区建在先，化工区建在后，市民对自己的环境权益受到侵害反应格外强烈。一位退休的高级工程师，也是镇海区的一名环保义务监督员张工说："那时群众确实很无奈，甚至有人因为受不了污染而把房子卖了搬走的。那次群众上街游行事件，就是矛盾激化所致。"区环保局认识到，从全社会构架考虑，环境保护在相当程度上是调整企业和百姓之间的利益关系，而群众是搞好环保工作的一支重要力量。在区委、区政府领导的重视支持下，环保局在开展严格执法管理、利用科技加强监控、监督企业自觉治污的同时，创办了环保市民学校，建立了面向社会的重点企业环境行为报告会制度，还组织起了一支具有广泛社会基础的环保义务监督员队伍。精通化工机械专业的张工自然成为其中一员。正是这种出于保护各自利益立场的不懈监督、沟通，企业、环保、群众三方共同努力，使镇海区的化工污染基本得到消除。张工笑着说："现在环境好了，就有人又搬回来住了。"另一位义务监督员蒋开达老人是退休公务员，亲身感受了近几年环境的变化。他说："现在大家安心多了，但是也还有担心。"他要求环保部门做到八个字：一如既往，严格执法。

资料来源：赵晓、尚立峰：《重化工区创建国家级生态示范区》，《中国环境报》2006 年 9 月 20 日，第 003 版。

 经验借鉴

浙江省宁波市镇海区原本是一个重化工为主业的区域，曾经环境污染严重，然而这个区顺利通过国家级生态示范区考核验收组的验收，主要经验可以总结如下：①依法治污。开展企业环境行为等级评定活动，对不符合等级评级标准的依法管理。②科技治污。改变以往追着企业治污、跟着举报查处的被动局面，环保局建立预警机制。③全民治污。环保局在开展严格执法管理、利用科技加强监控、监督企业自觉治污的同时，创办了环保市民学校，建立了面向社会的重点企业环境行为报告会制度，还组织起了一支具有广泛社会基础的环保义务监督员队伍。

本篇总结

浙江经济经历了从增速阶段到迈进增长质量和效益阶段，再到绿色发展阶段，这期间环境监管所扮演的角色，已经不仅仅停留在保护环境的层面。2016 年，浙江省开启新一轮"811"行动——《"811"美丽浙江建设行动方案（2016–2020）》，引入"绿色经济""生态文化""制度创新"等概念，开辟了浙江经济转型升级的新篇章，"腾笼换鸟""空间换地""三改一拆""四边三化"成为环境监管协调环境与经济发展的着力点。在浙江，绿色发展方式和生活方式，已经让良好生态环境成为人民生活的增长点、经济社会持续健康发展的支撑点。

（一）淘汰落后产能，走向产业升级

"绿色发展"理念给企业指明了未来的方向，"生态红线"的划定，则给产业的发展标明了"雷区"，它既是企业不可触碰的"高压线"，也是绿色发展的"警戒线"。淘汰落后产能，不是一竿子的关停取缔，而是分类施策。主要有四个导向：①关停，如浦阳镇针对制鞋业普遍存在规模小、加工技术落后、产品档次低等问题，取缔行业中的低、小、散产能，然后进行兼并、合并，再通过规划建设鞋业行业集聚发展区域，促进已整治企业的品牌化、高端化、集约化发展。②整治提升、企业自身清洁生产。③促进产业集聚发展，如新塘街道在整治过程中还"联姻"邻省，建立起了产业园区，引导企业产业有序转移。政府整治淘汰落后产能，不是要取缔这个产业，而是通过取缔行业中的低、小、散产能，把存在的问题解决好，最终实现产业转型升级。如东阳市坚持"规范提升一批、整合重组一批、关停淘汰一批"，倒逼企业转型升级。以木雕红木家具行业环保整治为契机，开展村（社）居民区低小散污企业"清零入园"专项行动，进一步加快小微企业创业园建设步伐，推动木雕红木企业集聚发展，提高木雕红木产业发展质量和水平。绍兴印染、医药、化工等昔日的"三高"行业无不进行着脱胎换骨式的升级蜕变，这些产业展现出的与传统模式迥异的变化。杭州创建国家半导体照明工程产业化基地。浦江建设水晶产业集聚园区，按照"分区规划、分类入园、分质分流"的要求，统一规划、统一建设、统一治污、统一管理。④打造生态产业链，如杭州经济技术开发区，以完善生态产业网链为核心，产品上下游互为依存、相互作用，实现区域范围内的资源循环流动，提高了资源利用率，体现生态效益又体现经济效益，展现了生态产业链带来的巨大效应。

（二）培育绿色产业，加大创新投入

①实施"腾笼换鸟"，嘉善项目引进过程中，嘉善县优先考虑发展新兴信息电子、新能源、新材料、高端装备制造等科技含量高、污染排放少、环境影响小的新兴产业。中国归谷嘉善科技园入归谷园是有准入标准的，亩均税收必须达到35万元以上，并且项目必须低污染、低能耗、低资源消耗，面向全球留学归国创业人员，组建高水平的"智囊团"，通过出售"智慧"和"创意"来为园区创造经济效益。嘉善县提出要从传统农业向精品农业提升，养殖业也是嘉善的一大特色产业。针对畜禽养殖污染，县里以资源化、循环化

利用为目标推广多种治理模式。此外嘉善把发展生产性服务业作为一项"重头戏"。湖州培育科技含量高、资源消耗低、污染排放少的新产业，产业结构调整向绿色低碳化迈进，湖州还发展地理信息小镇，培育信息经济。②加大创新投入。杭州节能减排工作一直是全市科技工作的重要内容，注重城乡区域统筹发展，突出重点科技攻关领域，加强节能、低碳、循环经济等关键共性技术的研发和应用，为杭州市产业低碳化、交通清洁化、建筑绿色化、主要污染物减量化、循环经济和可再生能源利用规模化等提供科技支撑，培育创新载体、构建节能减排科技创新平台，如节能减排实验室、技术研发中心和研发基地，浙江大学硅材料国家重点实验室、万向国家级企业技术中心等一批涉及新能源开发的科研院所和人才基地。

（三）培育绿色消费

2016 年 5 月 1 日起，《浙江省绿色建筑条例》正式施行，以立法的方式强制推广绿色建筑，浙江在全国尚属首个。浙江省的做法是全国首次立法强制推广绿色建筑，既具有示范、借鉴价值，更有利于在房地产市场的供给侧和消费端协同推广绿色建筑。在台州，早在 2012 年，台州就出台了《绿色城镇行动方案》，大力发展绿色建筑。2017 年 6 月 7 日印发的《台州市绿色建筑专项规划（2016–2025 年）》，进一步明确未来在城镇建设用地范围内新建民用建筑全面按一星级绿色建筑强制性标准建设，实现绿色建筑全覆盖；拿地房企除签订成交确认书外，还要签订关于被动式超低能耗绿色建筑示范项目履约监管协议。为鼓励相关企业主动作为，台州在专项规划中明确表示，政府将从土地供应、规划指标、金融支持、科研支撑、专业人才培养等方面着手，为建筑工业化提供政策支持和要素保障。绿色建筑必将是全产业链布局。除培育绿色建筑市场外，浙江还在杭州开展节能与新能源汽车示范推广试点工作。一方面开展节能与新能源汽车示范推广，另一方面力推私人购买新能源汽车。

本篇启发思考题

1. 浙江在淘汰落后产能，促进产业升级的监管过程中是如何做到分类施策的？

2. 产业发展和环境保护是否矛盾？浙江是如何处理的？

3. 推进绿色消费在产业环境监管中扮演了什么角色？

结论篇

浙江政府环境监管的经验和启示

一、浙江政府环境监管的八大经验

浙江政府环境监管的实践需要在我国环境监管演进的大框架下进行审视，才能更准确地把握浙江是如何贯彻国家政策，又结合自身实际走出一条具有浙江特色的创新与发展之路。

参照原国家环保局局长曲格平对我国环境监管演进的总结，依据时间线索，将我国环境监管的发展阶段划分为五个阶段：第一阶段（1972~1978年）是环境保护意识启蒙阶段，是我国环境保护政策合法性的逐步确立阶段。1973年召开全国环境保护会议，通过了中国保护环境的方针：全面规划、合理布局、综合利用、化害为利、依靠群众、大家动手、保护环境、造福人民。第二阶段（1979~1992年）是环境保护制度建设阶段，我国初步建立了环境保护的政策法规体系。在这一阶段，环境保护上升为基本国策，在法律制定、机构建设、行政治理等多方面取得了重要进展。1979年《中华人民共和国环境保护法》正式颁布，1983年第二次全国环境保护大会上确立了保护环境的基本国策；1989年环境保护三大政策八项制度：预防为主、防治结合，谁污染谁治理和强化环境管理的三大政策，出台包括三同时制度、环境影响评价制度、排污收费制度、城市环境综合整治定量考核制度、环境目标责任制度、排污申报登记和排污许可证制度、限期治理制度和污染集中控制制度。第三阶段（1993~2001年）是环境规模化治理阶段，我国政府提升了环境保护的权威，环境法制建设进一步加强，出台《清洁生产促进法》《循环经济促进法》《环境影响评价法》《固体废物污染防治法》等，其中《环境影响评价法》标志监管方式的转变，从"先污染后治理"转向"先评价后建设"。这一阶段行政管控继续强化，并形成了三方面的治理重点，即重点治理"三河""三

湖"水污染,重点治理"两区"大气污染[①],重点防治工业污染及对城市环境
开展综合整治。第四阶段(2002~2012年)是环境保护综合治理阶段,这一
阶段,我国多项环境保护的重大举措出台,环境财税等政策工具也进入了设
计和推广阶段,同时,我国政府开始大力整合各种力量,开展环境的全面治
理。2007年党的十七大提出建设生态文明社会,同时提出了形成资源节约和
保护生态的产业结构、增长模式与消费模式的构想。除此之外,我国政府还
相继出台了《中华人民共和国清洁生产促进法》《中华人民共和国放射性污
染防治法》《中华人民共和国可再生能源法》《中华人民共和国循环经济促进
法》,2012年党的十八大将建立系统完整的生态文明制度体系纳入国家政治经
济文化等五大战略格局,明确提出了以建设"美丽中国"为目标的生态文明
建设思路。第五阶段(2013年至今),是向复合型环境治理的转变与推进阶
段。2013年中共十八届三中全会进一步提出建立系统完整的生态文明制度体
系,资源产权、生态红线等概念出台。2014年第十二届全国人大常委会第八
次会议修订通过了新的《中华人民共和国环境保护法》。由此,从国家战略格
局,到环保立法及制度保障体系的全面落实,再到环保监管、考核与全民参
与,以及环保社会力量的长足发展,代表着我国环境监管进入了一个新的历
史发展阶段,上升到生态文明建设的新高度。

　　浙江省是习近平生态文明发展理念的萌发地,也是生态文明建设的先行
示范区,浙江政府的环境保护事业,经历了从"绿色浙江"到"生态浙江",
再到"美丽浙江"的战略演进。2002年召开的浙江省第十一次党代会完成了
从单一的生态环境建设到综合的绿色浙江的转型。时任省委书记张德江在党
代会报告中指出:"建设'绿色浙江'是我省实现可持续发展的大事。必须从
全局利益和长远发展出发,把发展绿色产业、加强环境保护和生态建设放在
更加突出的位置",绿色浙江的建设中心是发展包括生态农业、生态工业、生
态服务业在内的生态产业,不再是简单的环境保护,而是环境保护与经济增
长的统筹。"绿色浙江"把生态环境放在更加"突出的位置",但是尚未纳入
重点工作中。2003年,浙江省委十一届四次全会(扩大)会议在杭州召开,
时任省委书记习近平明确提出了"八八战略"。"八八战略"是习近平主政浙

[①]　"三河"指的是海河、淮河、辽河;"三湖"指的是太湖、滇池、巢湖;"两控区"是二氧化硫污染控制
区和酸雨控制区。

江时期的主要战略。"八八战略"的重要内容之一是：进一步发挥浙江的生态优势，创建生态省，打造"绿色浙江"，显著特征是：辩证地看待浙江省情，既看到浙江经济快速发展带来的环境问题，又看到了浙江生态建设和环境保护的优势。此后，"811"环境整治行动计划、循环经济发展规划、千村示范万村整治行动等付诸实施。2010年，浙江省委十二届七次全会专题研究生态文明建设，会议通过的《中共浙江省委关于推进生态文明建设的决定》指出：全面实施"八八战略"和"创业富民、创新强省"总战略，发展生态经济，着力完善体制机制，加快形成节约能源资源和保护环境的产业结构、增长方式和消费模式，打造"富饶秀美、和谐安康"的生态浙江。2013年初，习近平总书记在与原中共杭州市委书记黄坤明谈话时指出："希望你们更加扎实地推进生态文明建设，努力使杭州成为美丽中国建设的样本。"2014年浙江省委做出《中共浙江省委关于建设美丽浙江创造美好生活的决定》，"建设美丽浙江、创造美好生活"（简称"两美"）在浙江开展。在"两美"浙江建设战略的指引下，环境监管扎实推进，实现了生态环境质量的总体好转。2017年，浙江省第十四次党代会进一步将"两美"浙江发展为"美丽浙江"建设，包括"美丽生态环境""美丽生态经济""美丽生态文化"和"美丽生态人居"在内的综合美丽浙江建设，并提出：要深入践行"绿水青山就是金山银山"的重要论述，大力开展"811"美丽浙江行动。

从"绿色浙江"到"生态浙江"，再到"美丽浙江"的战略演进，体现的是不同阶段环境保护的不同内容、不同要求，却又一脉相承，互为整体，也体现了干在实处、走在前列、永立潮头的浙江精神。基于前四篇52个案例，在此部分总结浙江政府环境监管的八大经验，如下：

经验一，转换环境监管理念，引领环境监管实践

1.重置政府与企业的关系

传统观点认为，政府作为唯一执法主体对企业实施环境监管职能，通过确认"政府控制企业"的二元关系格局来实现污染整治，二者之间是一种"命令—服从、标准—遵循、违法—惩罚的关系"①。政府对企业的监管主要包

---

① 刘超.管制、互动与环境污染第三方治理[J].中国人口·资源与环境，2015，25（2）：96-104.

括对污染企业生产经营活动是否达标的信息收集、报告、检查和罚款等一系列复杂的行政程序，而浙江各地却推行"妈妈式服务""店小二"意识，提供"保姆式"服务，深化"放管服"改革，不断扩大"最多跑一次"和"零上门"事项办理范围；绍兴推行容缺受理服务，试行预先审查，符合审查条件可立即受理，建设单位领取许可决定时补齐相应所缺材料即可，并建立服务专员制度，让环评审批更简化快捷，并针对企业的情况提出切实可行的环境污染防治建议，上门手把手指导填表。在执法过程中，浙江省德清县环保部门在持续打击环境违法行为的同时，不断创新工作思路和方法，将暖心服务融入铁腕执法，用"软硬结合、疏堵并重"的方式规范企业环境行为，提升企业环境意识，推动环境质量不断改善。

政府旨在通过塑造信任、尊重的、积极的政企关系，开发多样、开放、包容性的政策工具激发企业主动参与治理的热情，监管工具从基于政府命令与控制的管制型工具到基于市场竞争的经济激励型工具，正在过渡到第三代工具——自愿环境管制，即鼓励企业的自愿行动补充，鼓励环保的私人供给[①]，引导企业自治。嘉兴港区率先成立"大气治理联盟"将化工园区划分为6大网格管理区块，36家企业分别落实到每一个具体网格内。企业成立治气联盟，成员企业带头加大环保投入，相互监督协力治气，活跃在监管第一线。杭州实行"井长制"进行监管，让"制污者"变成"治污者"。针对医化产业，台州市严格入园审批，建立重点企业联管轮值机制，入驻企业轮流担任一周的组长，牵头负责对园区进行检查。浙江省环保厅在省环保厅门户网站推出浙江省企业自行监测信息平台，供企业发布信息，接受社会公众的监督，从而强化企业的自我环境管理，增强企业的社会责任。

2. 充分调动公众积极性

浙江在环境监管的过程中，利用扩展参与渠道、丰富参与机制的方式，充分调动公众参与环境监管的积极性。①扩展参与渠道。温州市、乐清市引入社会力量参与污染源普查，将环保部门相关负责人以及第三方机构技术人员、民间环保组织人员等纳入工作小组，同时还把环保志愿者、环保 NGO 等社会力量动员起来，形成有效互动；浙江打造钱塘江水环境互助信息平台，

---

① 彭海珍. 中国环境政策体系改革的思路探讨 [J]. 科学管理研究, 2006 (1): 25-28.

周边居民一旦发现污染源，可以把拍到的照片和说明发送到平台上，标注在地图上，由省环保厅来进行核实、查处，做到人人都能参与环保监测，人人是观察者。在嘉兴，环保部门为公众参与环境保护开辟了多种渠道，如公众代表享有"建设项目是否能批准"的否决权。②丰富参与机制。嘉兴环保局启动"双随机"执法检查制度，开办环保"矫正学堂"，进一步拓展了执法检查公平、公正、公开的方式，进一步加深了公众参与执法的意义，也体现了嘉兴市环保部门在震慑环境违法行为、执法公开透明、保障公众环境知情权等方面的探索。公众参与环保的"嘉兴模式"，在 2016 年联合国环境规划署向国际社会发布的名为《绿色青山就是金山银山：中国生态文明战略行动》的报告中，专门做了介绍。浙江嘉兴不断推动环境保护多元共治，创造性地创立了环保"陪审员"制度。该制度的核心就是公众参与机制，具体是指在环境行政处罚案件审判中邀请包括企业负责人和普通群众在内的公众代表参加。"陪审员"来自不同领域，对所审议的环保案件处罚标准和法律适用提出意见。在杭州，民间护水者得到了专业化的认证，取得居民的认可和信任，也高涨了民间护水者参与的热情。

经验二，加强监管制度建设，发挥监管制度效能

1. 环境污染治理制度

浙江的环境污染治理制度，跳脱"案发现场"思维，将制度延伸至事前污染防治、事中监督等环节。①事前审批。绍兴启动"区域环评＋环境标准"改革，根据项目建设对环境影响的程度，推行免于环评手续、网上在线备案、降低环评等级、精简环评内容、承诺备案管理、创新环保"三同时"管理 6 项措施。金华市环保部门通过实施"四个一批"简政放权和"5+X"预审联评的"四批一联"审批制度改革，并配套限期办理承诺、跟踪对接服务等多项便民服务措施，发放《环保事项服务单》。针对医化产业，台州市严格入园审批，制定出台了《台州市医化产业环境准入指导意见》。为推进医化企业转型升级，台州建立了市县区领导干部联系企业工作制度，政府部门领导作为第一责任人，分别联系重点医化企业，每周督查整治工作的进展情况，确保整治"零盲区"。②事中监督。浙江省丽水市推出环境报告制度，年度综合性环境报告制度还在全市 9 个县（市、区）人大常委会实现了全覆盖，全市 29

个乡（镇、街道）开展试点。2017年，浙江省公布《关于全面建立生态环境状况报告制度的意见》，决定到2020年，实现省市县乡四级生态环境状况报告制度的全覆盖。

2. 领导干部环境责任离任审计制度

责任追究前置，是对官员环境保护责任的进一步拓展和延伸。安吉县是全国最早开展领导干部自然资源资产离任审计的试点地区之一，生态审计要求领导干部必须从生态视角审视自己的决策行为，重新度量走什么样的发展路径，同时也成为官员选拔任用的重要参考。"环境账"成为浙江官员选拔任用的重要参考。绍兴柯桥为官员套上"绿色紧箍咒"，一旦出现需要追究责任的情况，乡镇负责人当年考核评优和各类先进评选将一票否决，造成生态环境和资源严重破坏的责任人，无论是否已调离、轮岗、提拔或者退休，都必须严格追责。丽水对党政领导干部违反生态环保相关规定的，依照《丽水市党政领导干部生态环境损害追究实施细则（试行）》的有关规定，严肃追究责任。湖州已经摸索建立了审计试点评价指标体系，确定了三大类20项具有代表性的指标，以量化指数为基础进行分等级评价。在湖州市本级的评价体系之外，各地也根据地方特色做出了相应调整。制定更加科学合理的考核指标和计划，真正把实绩"考"出来，把亮点"考"出来。2017年，杭州市出台《杭州市党政领导干部生态环境损害责任追究实施办法（试行）》，明确实行生态环境损害责任终身追究制，系统性、完整性地提出党政领导干部生态损害追责制度。除了诸如此类的政府监督，还有平时的社会监督。比如借助《今日聚焦》《治水拆违大查访》等媒体专栏查找、曝光突出问题，认真抓好问题整改；依托公众满意度调查，了解公众感受，收集公众意见，切实补齐短板，检查监督"重"平时。

3. 生态补偿制度

浙江省在全国是最早实施生态保护补偿制度的。2005年6月杭州市颁发了《关于建立健全生态补偿机制的若干意见》，以采用政府命令的形势对生态补偿机制做出具体规定，属全国首创。2005年8月浙江省政府下发了《关于进一步完善生态补偿机制的若干意见》，是全国首个出台生态保护补偿机制的省份。在逐步建立生态补偿机制的工作中，将促进环境保护、生态建设与区域经济协调发展结合起来，对欠发达地区采取了一系列帮扶措施。①加大财政转移支付力度，环保资金向重要生态功能区倾斜。逐步加大省级财政转移支付力度，发挥财政资金在生态补偿中激励和引导作用。省财政还设立了多个专项资金，根据环境与生态保护建设的需要，对国家级重点防护林和特种用途林、省重点生态公益林实行财政补助。②下游地区给上游地区返利税，探索区域间生态补偿的有效途径。在县域范围内，安吉、德清、宁海、临安等县（市）都出台政策，规定上游地区乡镇的招商引资项目进入县（市）开发区，产生的利税地方所得部分全部返还给上游乡镇。在市域范围内，金华市在市区设立了金磐扶贫经济技术开发区，作为源头地区磐安县的开发用地，并给予一系列的政策扶持。③逐步建立省、市、县三级财政支持体制。浙江省健全公共财政体制，在财政转移支付、调整支出结构中进一步体现生态补偿的要求；逐步增加生态环境保护专项资金的额度，同时要求市、县财政制定相应的配套政策，形成省、市、县三级财力在推动建立生态补偿机制上的聚合作用。

经验三，调整环境监管格局，联结社会行动体系

在工作格局上，浙江省全省上下基本建立"党委领导、政府负责、部门协同、社会参与"的组织体系，地方政府主导，环保部门统揽，各部门齐抓共管的管理格局，以及"政府引导激励、社会团体、民间组织和公众参与监督，全社会共享"的社会行动体系。监管格局遵循公众是环保监督主体、企业是污染防治主体、政府是环保监管主体三大责任主体定位，推动环境监管从部门走向社会，从政府走向民间。同时，浙江以党建引领推动环保工作，服务中心，建设队伍。打好保护环境这场战役，需要一支信念、政治、责任、能力、作风过硬的环保铁军，浙江省环保系统以"服务中心、建设队伍"为核心，将党建深度融入环保业务工作，充分发挥机关党建在环境保护、生态文明建设中的推动作用。自2013年开始，浙江省环保厅机关党委在全省环保系统相继开展了"干部思想动态和工作状况""我为环保体制机制改革献计献策""运用法治思维和法治方式推动环境治理现代化建设""环保产业与绿色发展"等专题调研，对各地环保部门在加强干部思想作风建设、推进环境治理体系和治理能力现代化等方面的成功经验、主要做法进行总结，分析探讨

各地在加强生态环保工作、推进美丽浙江建设过程中的困难，提出对策建议，并形成了一批有较高理论水平和实践指导意义的调研成果。

经验四，创新环境监管模式，提升环境监管效果

浙江在监管模式的创新体现在横、纵两个维度上，横向上体现在监管主体上，加强多元监管、部门联动；纵向上体现在监管流程上，由事前监管到强化事中事后监管，此外，在环境执法上，也采用了许多新模式。①强化事中事后监管。绍兴加大对环评承诺备案项目的抽查比例和力度，金华对审批事项加强事中事后监管，实行动态评估机制和后督察机制，及时督促整改，实现审批全程公开，确保权力在阳光下运行。②实现协同式监管，提升服务水平。湖州市环保局还在推动"最多跑一次"由环保系统内向系统外延伸，要求环评单位提高质量、提高效率、提高服务水平。同时，加强环保局内部以及与发改委、工商局等部门信息的打通，进一步提高审批效率。③发挥部门联动合力。湖州法院主动与公安、检察、环保、国土、农林等部门沟通合作，联合出台《关于加强环境保护司法联动机制的实施意见》，在证据收集与固定、案件审理与调解、判决与监督、执行等方面进行信息互通、资源共享，形成了多元化共治的环境保护大格局。④规范第三方监管。嘉兴港区环保局建立环境监管第三方管理模式，为实现全区企业精细化、规范化环境监管，监理团队将企业分为 A、B、C 三类，建立"一厂一档"制度。如何规范第三方环境监测市场，温州市出台了《关于推进温州市环境检测市场化工作的意见》，联合质量技术监督等部门形成管理合力，对辖区内第三方环境检测机构实行星级化全过程动态管理，开展准入管理的能力量化、动态管理的项目量化和年度考核量化。⑤创新执法模式。诸暨"变频执法"杜绝企业弄虚作假，诸暨市环保局在原有重点污染源随机抽查确定企业和检查人员的基础上，新增随机时间和区域，杜绝企业利用环保部门定期检查制度偷排漏排的可能；金华的网格化环境监管模式，是应对日益突出的环境监管点多、线长、面广，监管责任分散、交叉、不明等问题，通过明确落实全市各级政府环境监管主体责任，整合辖区内负有环境监管职责的各部门监管力量及其相应的环境监管资源，结合社会治理"一张网"，建立了市、县、乡、村四级网格体系。

经验五，严格环境监管执法，健全环境执法机制

作为最严环境执法省份的浙江，一直以"铁腕执法""零容忍"的态度处理环境污染问题，做到"二严""二重"，主要表现在：①联动严惩。在全国率先实现省级层面环保与公检法部门联络机构全覆盖，成立省人民检察院驻省环保厅检察官办公室、省高级人民法院与省环保厅环境执法与司法协调联动办公室。在省公安厅、省人民检察院和省高级人民法院大力支持下，召开了联席会议并出台有关会议纪要，打造环境执法与司法紧密联合体。②区域严防。加强联动推进执法区域协作，依托长江经济带共抓大保护和长三角区域协作等工作平台，大力推进区域执法联动机制建设，突破行政区域局限，打击边界环境违法行为。浙江省环保厅分别与江苏、上海、安徽、福建签订了长三角地区、浙皖、浙闽跨界环境污染纠纷处置和应急联动工作方案，已实现与所有交界省份跨界联动工作的全覆盖，有效解决了一批跨区域环境问题，经受住了多次重大活动环境质量保障考验。③重"改"。将强化环境执法与公检法司法联动推进中央环保督察问题整改。坚持"点面结合、标本兼治、联合督导"，一手抓重点问题整改，聚焦关键环节，落实针对性措施，严惩重罚环境违法行为；一手抓长效机制建立，切实推动面上问题举一反三和执法倒逼解决。④重"打"。组织开展以 PM2.5、挥发性有机物等大气污染物为重点的"蓝天保卫"行动，着力发现并解决一批废气超标排放、臭气异味扰民等环境问题。以重污染行业企业、污水处理厂、直排海污染源、饮用水水源等为重点的"护水斩污"行动，着力查处一批涉水环境违法行为。以固体废物产生、运输和经营单位为重点的"清废净土"行动，着力打击一批固体废物违法犯罪行为，深化环保与公检法联动，加快检察院、法院驻环保部门联络机构建设。

经验六，丰富产业监管手段，布局产业转型升级

浙江将环境保护与产业发展结合起来，保护环境的同时也为产业谋求新一轮发展，监管手段总结起来可以说是"正向激励，反向倒逼"。①"腾笼换鸟"，淘汰落后产能。有限的资源空间和有限的发展转变时期，改变原有产业，把污染大的传统制造业从产业基地转移出去，再把"先进生产力"转移

进来，以达到经济转型、产业升级。绍兴启动史上最严厉的印染化工行业整治提升，拥有印染企业达 200 多家的柯桥，一举淘汰了 1/3 的产能，所有分散在该区各地的印染企业，或者关停或者整体搬迁到滨海工业区集聚。②以"治水"倒逼产业转型升级。2013 年，浙江省委十三届四次全会以党的十八届三中全会精神和"绿水青山就是金山银山"发展理念为指引，明确提出以"五水共治"为突破口倒逼转型升级，将之作为推进浙江新一轮改革发展的重大战略决策部署。治水的关键是在于对体量巨大的传统产业进行产能压缩、技术改造和产业升级。水是生产之基，什么样的生产方式和产业结构，决定了什么样的水体水质。金华浦江将分散的水晶加工业实现园区聚集，取缔高污染的作坊式生产，园区企业产生的工业废水统一处理后达标排放，重新擦亮浦江"水晶之都"的牌子。同时引导一批水晶生产企业转而发展高效生态农业、农家乐、电子商务等绿色可持续发展产业。台州临海市结合"五水共治""三改一拆"整治等重点工作，对医化园区内群众反映强烈的低小散排污企业进行清退。剩下的企业则在高标准的生产要求倒逼之下，走上绿色生产之路。③以"治土"引领产业结构调整。经济发展对土地的需求与土地资源承载能力不匹配，倒逼着浙江省转变外延扩张式的发展理念，改变低效粗放的用地模式。2014 年浙江省印发《关于实施"空间换地"深化介于用地的意见》提出，遵循"宜高则高、宜深则深、宜密则密"原则，提高土地利用效率。在 2015 年 10 月，绍兴出台《绍兴市环境功能区划》，这一文件将绍兴全境划分为六大环境功能区，既扫清了企业环保违法的灰色地带，也使土地可以更高效的利用，引导绍兴的产业变迁，使产业结构更加优化。④"亩均论英雄"实现要素高效配置。到 2020 年，浙江省所有工业企业和规模以上服务业企业（不含批发零售住宿餐饮、银行证券保险行业和房地产开发），以及产业集聚区、经济开发区、高新园区、小微企业园区、特色小镇（不含历史经典产业特色小镇）全面实施"亩产效益"综合评价。执行资源要素差别化配置政策，破解土地空间和环境容量满负荷载重难题。以绍兴为例，绍兴县对占全县工业污水排放总量 90% 的印染化工企业出台了以"吨排污指标财政贡献率"论英雄的环保新政，利用环保倒逼机制，调动企业积极性，强化企业主体责任，既优化了公共资源，也为落后产能的淘汰提供了衡量标准。政府可依据企业"亩产效益"综合评价结果，依法依规实施用地、用电、用水、用气、排污等资源要素差别化政策，提升资源要素利用效率。同时，加大资源要素差别化配置和叠加运用，按照"利用效率高、要素供给多"的原则，构建年度用地、用能、排放等资源要素分配与市、县（市、区）"亩产效益"绩效挂钩的激励约束机制。

经验七，坚持体制机制改革，赋能监管高效运转

1. 领导和责任体制

浙江构建了"政府全面负责、环保同意监督、各部门依法履职、全社会广泛参与"的环境监管体系。主要领导是第一责任人、分管领导是直接责任人，其他各级负责人、相关人员切实承担起各自领域环境保护的主体责任；建立严格的考核与责任追究体系，实行环境保护政绩考核、对因工作不力导致目标责任未完成、因决策不当造成环境污染或生态破坏、辖区发生重特大环境污染事件的，主要领导人和直接责任人一年内不予提拔使用并严格实行责任追究，逐步建立生态环境损害责任终身追究制和环境保护责任审计制。

2. 激励惩罚机制

浙江各地结合当地监管、地域实际，创新和完善了激励惩罚机制。如诸暨市建立"黄红黑"名单，探索创新惩戒机制，环境违法亮牌管理办法的施行，保障了铁腕执法。在水乡绍兴，开展以环保"黑名单"制度为核心的环境信用评价体系，为企业评定环境行为信用等级。德清建立生态保护补偿机制，尤其是森林生态效益补偿，补偿标准大幅提高，资金发放足额到位；加大对生态保护专项资金的投入，对水源地和生态公益林出台了保护补偿政策。除此之外，还就耕地保护补偿、集镇生活污水管网建设、屋顶光伏发电等制定了具体财政补贴政策。完善以绿色生态为导向的财政支农政策体系，如德清以拉长农业产业链，延伸农业价值和效益，拓展农业生态生活功能为基础，推动相关财政支农政策的改革完善，建立以绿色生态为导向的农业补贴制度。

3. 司法联动机制

浙江省加强检察机关和环境监管部门的协作，促进环保执法与司法的联动、信息共享，形成环境执法和司法的合力。①公益诉讼，增添公益保护的刚性。衢州市检察院会同该市环保、国土、林业、水利等多部门联合出台意

见，加强协同推进生态环境和资源保护领域的公益诉讼工作，各有关行政机关将坚持全面、依法、规范履行法定职责，与检察机关立足各自职能，加强协作，共同推进公益诉讼工作健康开展。金华婺城区检察院利用行政公益诉讼，解决监管缺位问题。江山市检察院向本市环保局发出行政公益诉讼诉前检察建议，同时，为了通过诉前程序解决问题，多次协调江山、广丰两地相关执法部门开展对接，建立跨省联席会议、联络员等常态化机制，督促制定处置方案，使得后续处理进展大大加快，共破监管困境。②恢复性司法，增添执法柔性。湖州全市两级法院主动作为，把修复、预防摆在环境司法理念的重要位置，发出了浙江省首例"补植令"。同样，在庆元，严厉打击破坏环境资源犯罪的同时，还坚持"恢复性司法"理念，通过补植复绿、增殖放流等方式，结合办案推进生态修复。③健全体系，完善机制。湖州法院结合司法体制改革要求，着力打造专家型法官队伍，搭建完成"1+1"和"1+1+1"两种模式9个审判团队并投入运行，同时，探索专家参与环境资源审判的工作机制，与高校、市环保局建立培训共建机制，并建立环境资源专家库。绍兴市检察院还创新生态环境司法修复补偿机制，助推绍兴市政府出台《生态环境损害赔偿磋商办法（试行）》，由检察机关全程监督环保部门与涉及非法排污企业的赔偿磋商，为进一步修复和改善生态环境提供了资金保证。

经验八，借力现代科技力量，优化环境监管流程

浙江有全省统一的公共信用信息平台和行政执法监管平台，"互联网＋监管""智慧监管"走在全国前列，现代科技的力量渗透进监管的各环节。①"互联网＋政务"助力"放管服"。台州椒江区环保提供"线上＋线下"咨询指导服务。②信息平台助力多元监管。杭州政府打造钱塘江水环境互助信息平台，浙江省环保厅在省环保厅门户网站推出浙江省企业自行监测信息平台，供企业发布信息，接受社会公众的监督；诸暨构建全覆盖的水陆空立体式环境监测体系，全面提升环境监管能力，并建立在线监测监控信息化平台，覆盖汽车尾气、河道状况、畜禽养殖、农村生活污水等污染源。③高科技助力高效审计。湖州市利用无人机航拍来辅助传统的台账查看，还积极探索地理信息技术的运用以及大数据下的审计模式，自然资源资产和生态环境的变

化情况，在这些现代高科技下一目了然，工作效率和准确度都大幅提升，推动审计成果的运用，促进领导干部践行新发展理念。④"智慧环保"助力精准执法。借助大数据、云计算等现代化信息技术手段，浙江的环境执法迈上了新台阶①。在浙江，不论是重点企业的排污口、蜿蜒河道的水质断面，还是百米高空的烟囱口，都有环保"智慧眼"24小时守卫。在杭州市萧山区，环保监管企业有上万家。通过智慧环保建设，整合环境统计、排污申报、刷卡排污等18套环保系统，集成废水、废气、固废、放射源、空气质量五大在线监测系统，实现"环保一张图"，此图加载了企业基本信息、污染源、执法记录等多样化数据，让环境执法有了"智慧大脑"，做到精准执法。

二、浙江政府环境监管的八大启示

2003年7月，时任浙江省委书记的习近平在科学判断国际国内形势和全面把握浙江省情的基础上，做出发挥"八个方面优势"、推进"八个方面举措"（简称"八八战略"）的重大战略部署。"八八战略"构建了中国特色社会主义在浙江实践的"五位一体"总体布局②。2005年，习近平在浙江安吉首次提出"绿水青山就是金山银山"的科学论断和发展理念。2016年9月，习近平总书记在杭州G20峰会期间对浙江提出了"秉持浙江精神，干在实处、走在前列、勇立潮头"的新要求。浙江省是"七山一水两分田"，在追求人与自然和谐、经济与社会和谐发展的过程中，逐步化解资源环境的稀缺和经济增长之间的矛盾，实现了从"用绿水青山换金山银山"到"绿水青山就是金山银山"的华美蜕变。这一转变的过程是浙江省对绿色管理、绿色发展的坚守，是从"绿色浙江"到"生态浙江"再到"美丽浙江"的一以贯之、一脉相承又层层递进的战略部署③。美丽浙江的建设包含美丽生态环境、美丽生态经济、

---

① 江帆，臧志攀，邵甜.浙江借助信息化手段创新环保监管模式　环境执法有了"智慧大脑"[EB/OL].浙江在线，http://zjnews.zjol.com.cn/zjnews/zjxw/201811/t20181104_8654392.shtml, 2018–11–04.
② 中共浙江省委.中国特色社会主义在浙江的成功实践[J].求是，2017(17).
③ 杜欢政，矫旭东.点面结合全面推进生态文明建设[J].浙江经济，2016(21).

美丽生态文化和美丽生态人居多个维度，浙江的环境监管超越了仅仅是环境保护的层面，它是多维的、立体的才能支撑起美丽浙江的建设，在本部分，我们分别从绿色环境、绿色经济、绿色文化和绿色人居四个维度，来审视浙江政府环境监管带给我们的启示。

（一）绿色环境：保护环境，刚柔并济

启示一，铁腕执法严打生态环境破坏

环境执法是政府环境监管的重要手段，浙江努力打造环境执法"最严省份"，对环境污染行为"零容忍"。浙江环境执法工作的典型做法可以归纳为六个方面：突出压力传导，倒逼监管责任落实；突出先行先试，压实各方监管责任；突出机制建设，打造全程监管链条；强化高压严管，推动企业自觉守法；强化行刑衔接，放大案件警示作用；强化多元支撑，提升监管效能[①]。①浙江省创造性地使用"黑名单"管理，对环境违法企业进行法律和市场的双重惩罚，省环保厅将违法企业列入黑名单，且每季度公布，被列入黑名单的企业将受到三年的受限期惩罚，除处罚整改等惩戒手段外，涉事单位或个人的违法失信行为会被纳入社会信用体系，今后在行政审批、融资授信、资质评定、政府采购等多个方面受到影响。②执法采用全员出动形式——全员执法，改变专员执法单打独斗的局面，参与者不再仅仅是环境监察执法队伍，还包括各地环保部门的法制、环评审批等岗位人员。同时，环保系统全员都有责任对辖区内的各类环境违法行为进行监督，协调调动环境执法人员从严从快查处环境违法行为，形成环境监管工作的良性循环。③多部门联动执法，保障环境执法工作顺利展开。多数环境污染案件所涉及的问题复杂，仅靠某个部门难以实现问题的根本性解决，因此，浙江不断推动环境保护部门、公安部门、法院、检察院等部门联合执法，以确保执法效率和效果。④利用新兴技术提升监管效能。浙江省重视将科技手段运用在环境执法行动中，如"无人机""探查机器人"等是执法人员的新装备，助力环境执法的各环节，提升环境违法行为的发现率和查处率。

---

① 中华人民共和国环境保护部. 从严查处, 全员执法, 铁腕治污再升级　浙江打造监管执法最严省份 [Z]. 2017.

启示二，柔情司法保障生态环境修复

司法是环境保护中关键的一环，保障环境执法的成果。浙江省环保厅与省人民检察院联合下发《关于积极运用民事行政检查职能加强环境保护的意见》，要求浙江省各级人民检察院和环保局运用司法手段推进浙江省的环境执法监管工作。实践恢复性司法，进行刑事处罚的同时，司法机关强调对生态的修复。如积极促成被告人通过义务植树、担任义务护林员等方式弥补损失，把环境修复作为量刑的重要依据，敦促被告人恢复受损的生态环境，在环境司法过程中，将恢复性司法制度和绿色司法理念有效结合并运用于环境保护的司法过程中，积极探索生态环境司法保护的新模式，如浙江丽水检察机关建立了针对破坏森林资源环境的违法犯罪案件的专门的补植复绿基地；浙江绍兴，为了惩罚滥捕行为的同时起到修复渔业资源的作用，检察院与渔政执法部门做出责令非法捕捞者放养鱼苗的判决，并监督其执行。

（二）绿色经济：发展经济，双赢格局

启示三，产业生态化引领经济绿色转型

前文提到过，浙江以环境保护为契机，通过"治水""治土"等环境政策来促进产业结构调整、产业升级转型，浙江也打造绿色产业来引领产业生态化。在促进绿色产业的发展上，浙江省始终把环保产业摆在优先发展的战略位置，绿色产业是伴随经济转型而逐渐产生的，近年来，浙江将绿色产业结合数字经济、"互联网＋"的快速发展，大力推进产业结构优化升级。加快发展信息、环保、健康、旅游、时尚、金融、高端装备制造业和文化产业，推进各产业融合互动、业态创新，形成以八大万亿产业为支柱的产业体系。加大"四换三名"和"互联网＋""机器人＋""标准化＋"力度，推动传统产业改造升级。加快淘汰高能耗、高排放落后产能，完善落后产能退出机制，严格总量控制，优化环境资源配置，提高单位资源环境负荷产出效率[①]。鼓励对于生态资源基础好、经济基础薄弱地区，发展生态农业、生态旅游等绿色产业。此外，浙江也通过产业集聚，把产业做大做强。产业集聚是指同一产业或不同产业及其在价值链上相关的支撑企业在一定地域集中、聚合进而形成

---

① 林化. 我省大力推进 绿色产业发展［N］. 浙江工人日报, 2017–03–17.

产业集群的过程。在产业集聚的培育和发展过程中，浙江引入循环经济、低碳经济促进产业生态化发展，从企业监管到园区监管构建生态产业链。2005年起浙江省实施循环经济发展战略，从全省开展循环经济"991"行动计划以来，每年滚动实施100余项循环经济重点项目。2019年出台了《浙江省循环经济"991"行动计划重点项目2019年度实施计划》，全面实施新一轮循环经济"991"行动计划，加快推动全省经济社会绿色转型和循环发展。从以污染治理企业为重点创建循环型企业，到构建区域内的资源流、物质流、信息流、技术流高效耦合的循环经济产业集聚园区，解决经济增长同环境压力之间的矛盾，促进经济活动的生态转向。根据《浙江省产业集聚区发展总体规划（2011-2020）》，浙江以循环经济、低碳经济、绿色经济发展为导向，布局14个产业集聚区，大力培育和发展战略性新兴产业，积极推进传统产业高端化、生态化。

启示四，绿色金融加速经济绿色发展

2017年，国务院常务会议决定，浙江选为绿色金融改革创新试验区之一。"绿水青山就是金山银山"，发展绿色经济需要绿色金融助跑。浙江作为市场经济起步较早的地区，在调整经济结构和转变发展方式上先行一步，客观上为发展绿色金融提供了强大的内生动力。多年来，浙江省委、省政府及监管部门、银行机构形成高度共识，在绿色金融方面作了很多有益探索。2018年1月，因在排污权资产化上的探索与创新，玉环市获批"省级排污权资产化试点"，成为浙江省第一个排污权试点县级市，尤其是它活跃的二级市场现象，引发了多方关注。排污权的有偿使用和交易，在我国推行已十年有余，大多企业视排污权为成本负担，在逐利的天性驱使下，缺少减排的根本动力。"资产化"扭转了企业和排污权之间的关系。排污权成为一种资产推向市场后，等同于土地房产一样可流通、可交易，成为企业可支配的财富，倒逼企业从被动应付到主动履行治污减排责任。把排污权这个重要的环境资源资产化后推向市场，也化解了生态环保企业的融资瓶颈制约，既能推动企业绿色升级，也可以推动排污许可证"一证式"监管改革，有效推动了排污许可证的发放率，为"一证式"监管改革夯实了基础，并反哺地方环境基础设施建设。通过排污权交易资金以奖励、补助等方式，进行污水处理、空气监测能力提升，有力地改善了当地的生态环境质量。

（三）绿色文化：激活主体，和谐共进

启示五，绿色消费构筑绿色行为体系

绿色文化是包含绿色意识、绿色生产、绿色消费、绿色创新等丰富内容的体系，不应当仅仅是在过去高碳文化模式上加上些许的绿色的因素[①]。2010年12月9日，浙江省生态文化协会在杭州成立，弘扬生态文化，倡导绿色生活方式，共建生态文明。浙江省积极推进绿色消费领域的供给侧改革，在"绿色建筑""绿色交通"等领域重拳出击，积极构建结构合理、标准较高的绿色产品供给体系。在推进绿色建筑的过程中省级层面不断探索，贯彻国家政策要求，高度结合自身实际，走出一条具有浙江特色的绿色建筑发展道路。首先，不断丰富制度供给，从2007年《浙江省建筑节能管理办法》出台到2011年《关于积极推进绿色建筑发展的若干意见》，再到2017年，以杭州市、台州市、绍兴市、湖州市、嘉兴市等为代表的地市，研究并发布了绿色建筑发展专项规划或行动计划，标志着绿色建筑实现从上到下、从理念到实践的逐步落地。其次，积极支持企业发展绿色建筑，企业进行绿色建筑生产、研发和认定，可获得企业所得税、与工业企业相同的贷款贴息等优惠政策；鼓励和支持新型绿色建筑项目，对获得国家绿色建筑相关标识的新型建筑工业化项目，按规定给予财政奖励。最后，激励绿色建筑消费，支持和鼓励个人购买绿色建筑，对购买采用新型建筑工业化方式建设的住宅的消费者，在个人住房贷款服务、贷款利率等方面给予优惠。在推进绿色交通的过程中，浙江省编制出台了《浙江省创建绿色交通实施方案》，促进居民绿色出行、环保出行，浙江省公共交通体系不断优化。一是着力增加绿色交通工具的供给，地铁建设加快推进，大力推动公交、水上巴士等，加快推进公交车、出租车"油改气"工程。二是着力打造不同交通工具间的无缝连接。如公共自行车解决了"最后一公里"问题。三是大力推进新能源汽车的应用，如杭州主城区清洁能源的"绿色公交"已经实现全覆盖，鼓励和支持个人购买新能源汽车。

---

① 杨新莹,李军松.绿色文化：基于我国的构建与繁荣[J].青年研究,2007(4).

启示六，绿色创新支撑绿色文化体系

绿色科技创新是把绿水青山变成金山银山的关键途径。只有依靠绿色科技创新，才能促进产业结构升级、提高资源环境利用率，才能不以牺牲环境、浪费资源为代价换取经济增长。而政府对绿色创新投入的显性表现，又可以促进区域社会树立良好的绿色意识，最终演变成一种人文情怀，为绿色产业发展营造更为宽松的文化氛围。为了提升浙江省绿色科技创新的能力，省内针对绿色科技创新的投入逐年增加，省科技厅积极推进生态环保技术重大专项实施，设立了高效节能技术、再生能源利用技术、绿色化工技术、水污染防治与水资源综合利用技术、固体废物综合处置技术、海水淡化与海水综合利用技术、农产品质量安全与标准化技术等重大科技专项，投入了大量科技经费给予支持。并且建设了一批具有代表性和示范性的绿色技术示范工程，如绍兴市和浙江大学合作的"基于物联网的小流域废弃物集中处置与资源化循环利用及示范"项目；安吉"农村生活污水处理技术集成示范"项目等。此外，低碳园区的建设也成为提升绿色科技创新水平、打造一流的创新源的重要载体。2016年，浙江省发改委印发《关于开展省级低碳试点工作的通知》，要求在"十三五"规划期间全省形成15家左右省级低碳园区试点。如杭州经济技术开发区重点发展高端装备制造、生物医药、信息技术、新能源新材料等；宁波经济技术开发区重点发展石化产业、装备制造业、汽车及汽配产业、新能源和清洁能源产业，建立绿色清洁能源和低碳技术应用示范体系，打造节能减排关键技术合作平台。

（四）绿色人居：搭建载体，共建共享

启示七，美丽城村提升居民绿色获得感

（1）城市的迅速发展使环境恶化、资源短缺等问题不断凸显，美丽城市建设对城市产业结构调整、城市功能布局优化及城市生态环境改善具有十分重要的推动作用。以湖州为例，2005年，时任浙江省委书记的习近平在湖州安吉县考察时，明确提出了"绿水青山就是金山银山"的重要发展理念，要求湖州将生态理念融入经济社会发展中。湖州市委转变发展观念，把生态环境摆在更加突出的位置。通过"腾笼换鸟"，淘汰落后产能，对高能耗、高污染、高排放的产业坚决说"不"，以壮士断腕的决心重拳推进印染、造纸、制

革、化工四大行业整治提升，旨在资源利用最大化、排放污染最小化，再以"筑巢引凤"，做优增量，加快发展生物医药、新能源等战略性新兴产业，加快发展生态农业，积极构建以生态农业为基础、绿色工业为支撑、现代服务业为引领的现代产业体系。杭州在2009年就提出了建设低碳经济、低碳建筑、低碳交通、低碳生活、低碳环境、低碳社会"六位一体"的建设目标。

（2）浙江的美丽乡村建设，既秉承了2005年时任浙江省委书记习近平提出的"绿水青山就是金山银山"的论断，也走出了一条环境保护与乡村经济融合发展的模式。美丽乡村建设的初始阶段，浙江以垃圾收集、污水治理、卫生改厕、河沟清理、道路硬化、村庄绿化为重点，从2011年起，浙江省注重从根源上、区域上解决农村环境问题，大力推进"美丽成果"向"美丽经济"转化，不仅将生态环境优势转化为生态农业、生态工业、生态旅游等生态经济优势，也增强美丽乡村建设的持久动力。

启示八，长效机制固化绿色治理成果

加强环境监管的长效机制，固化绿色治理的成果，进而推进生态文明建设，需要政府、企业、公众的合力，需要政府机制、市场机制和社会机制的协同[①]。

（1）政府机制构建。建立跨区域协调沟通机制，强化环保督察成果的常态化。环保督察是环境监管的重点工作之一，是守好底线的重要保障。督察工作主要由区域环境保护督察中心落实，尤其承担监督政策落实、跨区域环境问题协调、重大环境问题处理等职能，通过结合环保约谈、区域审批、挂牌督办等命令控制型等手段，发挥跨区域"监企"职能，有效强化督政问责制度。

（2）市场机制构建。全面推进绿色财税制度。改革资源价格形成机制，以反映其稀缺性、供求关系和环境保护成本。将高能耗、重污染产品纳入消费税征收范围，对节能节水产品和环保设备实行税收优惠政策，通过财政补贴引导绿色消费；全面实施绿色产权制度，浙江省在水权交易制度、排污权交易制度、休渔期制度等方面取得了较为成功的经验。

（3）社会机制构建。绿色协同治理，各主体职责和功能的相互补充，协

---

① 沈满洪.从绿色浙江到生态浙江 浙江生态文明建设辉煌[N].浙江日报，2002-05-25.

调沟通机制、联动合作机制、冲突预防与解决机制；加强信息披露力度和渠道，发布重点排污企业和违法排污名单，审批决定公开、环评机构和人员诚信信息公开，互联网渠道公开，对提升公众环保意识、监督企业守法具有重要意义；杭州政府打造钱塘江水环境互助信息平台，浙江省环保厅在省环保厅门户网站推出浙江省企业自行监测信息平台，供企业发布信息，接受社会公众的监督，从而强化企业的自我环境管理，增强企业的社会责任，及时发布监测结果，接受公众监督，让人民群众拥有更多的环境知情权。公众参与机制，鼓励公众自觉参与到环境生态治理工作当中，关注政策的制定和实施，使民众为生态环境监管注入新的活力，发挥民间环保组织和志愿者的作用。

　　总而言之，本篇立足于浙江监管实践总结提炼了浙江环境监管的八大经验，并进一步拓展，基于环境监管服务于"美丽浙江"建设，从"美丽浙江"建设的四个维度，得出浙江环境监管的八大启示。环境保护史就是一部地方发展史，浙江在"两山理论""八八战略"的指引下，以接力棒精神不断推进"绿色浙江""生态浙江"和"美丽浙江"的建设，走上了一条创新发展、协调发展、开放发展与共享发展的道路[①]，并且完成了环境保护由政府监管向绿色治理的转变，而这种绿色治理突破了以往线性、低维的治理范式，而是将产业结构、生产方式、生活方式等治理元素融入进城市乡村建设的立体式的发展格局中，是环境、经济、文化和人居四个维度的协同治理、统筹推进，体现了浙江省打造美丽中国的浙江样本的战略思维和实践经验，对建设生态文明、实现可持续发展具有重要的现实意义。

---

① 周光迅, 郑玥. 从建设生态浙江到建设美丽中国——习近平生态文明思想的发展历程及启示 [J]. 自然辩证法研究, 2017, 33（7）: 76-81.

附录

浙江省环境监管的代表性法律法规

（1）浙江省政府《浙江省人民政府关于加快工业转型升级的实施意见》（浙政发〔2008〕80号）2008年12月19日。

（2）浙江省政府《浙江省人民政府关于加快推进环保产业发展的意见》（浙政发〔2009〕76号）2009年11月30日。

（3）浙江省政府《浙江省人民政府关于全面推进规划环境影响评价工作的意见》（浙政发〔2010〕32号）2010年7月6日。

（4）浙江省政府办公厅《浙江省人民政府关于印发浙江省产业集聚区发展总体规划（2011—2020年）》的通知（浙政发〔2010〕45号）2010年9月21日。

（5）浙江省政府《浙江省人民政府关于加快循环经济发展的若干意见》（浙政发〔2010〕63号）2010年11月16日。

（6）中共浙江省委办公厅、浙江省人民政府办公厅《"811"生态文明建设推进行动方案》（浙委办〔2011〕42号）2011年4月7日。

（7）浙江省政府《浙江省人民政府关于积极推进绿色建筑发展的若干意见》（浙政发〔2011〕56号）2011年8月1日。

（8）浙江省政府《浙江省人民政府关于印发浙江省循环经济"991"行动计划（2011—2015年）的通知》（浙政发〔2011〕106号）2011年12月27日。

（9）浙江省政府《浙江省人民政府关于进一步加强环境保护工作的意见》（浙政发〔2012〕15号）2012年2月20日。

（10）浙江省政府《浙江省人民政府关于加快"腾笼换鸟"促进经济转型升级的若干意见（试行）》（浙政发〔2012〕49号）2012年6月4日。

（11）浙江省政府《浙江省人民政府关于印发浙江省大气污染防治行动计划（2013-2017年）的通知》（浙政发〔2013〕59号）2013年12月31日。

（12）浙江省政府《关于实施"空间换地"深化节约集约用地的意见》（浙

政发〔2014〕6号）2014年2月21日。

（13）浙江省政府《浙江省人民政府关于印发浙江省水污染防治行动计划的通知》（浙政发〔2016〕12号）2016年3月3日。

（14）浙江省生态环境厅《浙江省环境保护厅建设项目环境影响评价公众参与和政府信息公开工作的实施细则（试行）》（浙环发〔2014〕28号）2016年5月19日。

（15）浙江省政府《浙江省人民政府关于浙江省环境功能区划的批复》（浙政函〔2016〕111号）2016年7月5日。

（16）浙江省国土资源厅《关于进一步加强"三改一拆"拆后土地利用工作的通知》（浙土资发〔2016〕30号）2016年12月7日。

（17）浙江省政府《浙江省人民政府关于印发浙江省土壤污染防治工作方案的通知》（浙政发〔2016〕47号）2016年12月26日。

（18）浙江省政府《浙江省人民政府关于印发加快推进"最多跑一次"改革实施方案的通知》（浙政发〔2017〕6号）2017年2月20日。

（19）浙江省人大（含常委会）《浙江省河长制规定》（浙江省人民代表大会常务委员会公告第60号）2017年7月28日。

（20）浙江省政府《浙江省人民政府关于深化"亩均论英雄"改革的指导意见》（浙政发〔2018〕5号）2018年1月15日。

（21）浙江省发展改革委、浙江省水利厅、浙江省节约用水办公室《浙江省节水型社会建设规划纲要（2018-2022年）》（浙发改资环〔2018〕660号）2018年12月21日。

（22）浙江省发展改革委《浙江省城市建成区重污染企业搬迁改造或关闭退出实施方案》（浙发改产业〔2019〕214号）2019年4月19日。

参考文献

［1］习近平.全面启动生态省建设　努力打造"绿色浙江"——在浙江生态省建设动员大会上的讲话［J］.环境污染与防治，2003（4）.

［2］习近平.之江新语［M］.杭州：浙江人民出版社，2007.

［3］习近平.干在实处　走在前列——推进浙江新发展的思考与实践［M］.北京：中共中央党校出版社，2006.

［4］王玮，晏利扬.移送公安案件数、行政处罚力度、刑事打击力度均为全国第一——浙江何以成为最严执法省份？［N］.中国环境报，2018-04-26（08）.

［5］王雯，晏利扬.浙江以党建引领推动环保工作服务中心建设队伍［N］.中国环境报，2018-03-26（01）.

［6］赵晓.浙江逐步建立生态补偿机制［N］.中国环境报，2004-06-26（01）.

［7］朱智翔，晏利扬."督"在日常　"考"在平时　变年终"考"为过程"考"。浙江环保考核瘦身不降质［N］.中国环境报，2018-01-08（01）.

［8］曲格平.中国环境保护四十年回顾及思考（思考篇）［J］.环境保护，2013，41（11）：10-12.

［9］曲格平.中国环境保护四十年回顾及思考（回顾篇）［J］.环境保护，2013，41（10）：10-17.

［10］秦颖，徐光.环境政策工具的变迁及其发展趋势探讨［J］.改革与战略，2007（12）：51，54，72.

［11］谢慧明.以稀缺性为导向推进生态经济化的"浙江样本"［J］.治理研究，2018，34（2）：84-92.

［12］徐震.把握内涵深入　推进绿色、生态、美丽浙江建设［J］.环境保护，2013，41（17）：52-54.

［13］杨阳.经济与生态双赢格局背景下全球湾区绿色发展模式研究［J］.中国科学院院刊，2020，35（3）：322-330.

［14］张萍，农麟，韩静宇.迈向复合型环境治理——我国环境政策的演变、发展与转型分析［J］.中国地质大学学报（社会科学版），2017，17（6）：105-116.

［15］沈满红，谢慧明等.生态文明建设——浙江的探索与实践［M］.北京：中国社会科学出版社，2018.

［16］Rmiah V，Pichelli J，Moosa I. The effects of environmental regulation on corporate performance：A Chinese perspective［J］. Review of Pacific Basin Financial Markets and Policies，2016，18（4）：1-31.

［17］Wang Y，Shen N. Environmental regulation and environmental productivity：The case of China［J］. Renewable and Sustainable Energy Reviews，2016，62：758-766.

［18］Ye B，Lin L. Environmental regulation and responses of local governments［J］. China Economic Review，2020，60：1-44.